Ingo Krause

Herausforderung Familie
in einer sich wandelnden Gesellschaft

W0039272

INGO KRAUSE

HERAUSFORDERUNG FAMILIE

in einer sich wandelnden Gesellschaft

Ingo Krause
**Herausforderung Familie
in einer sich wandelnden Gesellschaft**

Bestellnummer: 271 517
ISBN: 978-3-86353-517-9

Soweit nicht anders angegeben,
wurde folgende Bibelübersetzung verwendet:
Revidierte Elberfelder Bibel,
© 1985/1991/2006 SCM R.Brockhaus
im SCM-Verlag GmbH & Co. KG, Witten

Außerdem wurde verwendet:
bibel.heute,
© 2010 Karl-Heinz Vanheiden und
Christliche Verlagsgesellschaft Dillenburg (NeÜ).

1. Auflage
© 2017 Christliche Verlagsgesellschaft Dillenburg
www.cv-dillenburg.de
Satz und Umschlaggestaltung:
Christliche Verlagsgesellschaft Dillenburg
Umschlagmotive:
© Shutterstock.com/mimagephotography (Familie)
© Shutterstock.com/Oleg Krugliak (Handy)
© Shutterstock.com/Antoha713 (Zimmer)
Druck: GGP Media GmbH, Pößneck
Printed in Germany

Inhalt

Vorbemerkung

Dieses Buch ist aus einer Reihe von Fragen und Themenwünschen von Eltern entstanden, die mir zugeschickt oder im Laufe der Jahre bei Vorträgen und in Gesprächen immer wieder gestellt wurden. Sicher gibt es eine ganze Reihe weiterer Themen, die hier nicht behandelt werden. Diesen Lesern sei die breite Palette guter christlicher Literatur empfohlen, die christliche Buchverlage dazu auflegen.

Ich konnte in diesem Buch die Gruppe der alleinerziehenden Väter und Mütter nicht gesondert berücksichtigen und hoffe dennoch, dass auch sie Gewinn daraus ziehen können. Sie mögen sich nicht ausgeschlossen fühlen, wenn hier vor allem das Bild der Familie mit beiden Elternteilen beschrieben wird.

Danksagung

Ich danke Gott für meine Familie, meine Frau und meine Kinder, denen ich dieses Buch widme. Sie waren mir mit ihren Hinweisen und Ratschlägen eine große Hilfe.

Ich danke meinem Bruder im Herrn, Christian Gottschlich, für seine Anregungen und Literaturhinweise.

Vorwort

Manche Christen beschleicht schon länger das beunruhigende Gefühl: „Mit unserer Gesellschaft stimmt was nicht!" Es ist immer wieder Thema in Predigten, Gesprächen und christlichen Zeitschriften, dass die Werte verfallen und sich die deutsche Gesellschaft von ihren christlichen Wurzeln löst.

Die Gesellschaft verändert sich. Manche Veränderungen sind komplex und atemberaubend schnell: Das Smartphone hat die Welt wie keine andere Erfindung in der Menschheitsgeschichte verändert – in nur zehn Jahren! Man schaut sich kaum noch in die Augen, alle schauen auf ihre Bildschirme. Unser Miteinander hat sich verändert, wir organisieren unseren Alltag digital, Menschen und Maschine verschmelzen, für die einen zur Freude, den anderen macht das Angst. Wie können Eltern ihre Kinder auf die digitale Welt vorbereiten und ihnen einen guten Umgang damit vermitteln?

Manche Veränderungen sind schleichend, z. B. die Frage, ob der christliche Glaube noch zu Deutschland oder Europa gehört. Wenn der spanische Fußballclub Real Madrid das Kreuz auf seinen Fanartikeln löscht, um sie in arabische Länder verkaufen zu können, Gipfelkreuze von Unbekannten beschädigt werden oder das Kuppelkreuz des Berliner Schlosses zu heftigen Debatten führt, heißt das zwar nicht, dass das Christentum seine Sichtbarkeit schon verloren hätte. Aber es macht deutlich, dass der christliche Glaube nicht mehr so selbstverständlich zu Deutschland gehört, wie wir das gemeint haben.

Der zunehmend säkulare Anspruch der Politik bedeutet, dass Gesetze dem Zeitgeist angepasst und damit einem Wandel unterworfen werden. In einer pluralen Gesellschaft wird die Meinung von Mehrheiten bestimmt, nicht von Wahrheiten.

Wir hatten uns so sehr daran gewöhnt, dass der Staat Selbstverständlichkeiten wie die Ehe verteidigt, dass wir das Verteidigen fast verlernt haben. Es sind (noch) nicht die Grundrechte in Gefahr, aber es wird heftig an ihnen gerüttelt, und wir sollten uns darauf einstellen, in Deutschland bald wieder stärker für Rechte einstehen zu müssen, die wir als unumstößlich angesehen haben.

Und es stellt sich die Frage, besonders für Eltern, die ihre Kinder nach christlichen Wertmaßstäben erziehen wollen, wie sie den Herausforderungen begegnen sollen. Dabei stehen wir lediglich vor Aufgaben, wie sie sich für Christen zu allen Zeiten stellten: Wie schaffen wir es, unveränderliche und zeitlose Prinzipien für Ehe und Familie in einer sich ständig wandelnden Gesellschaft zu leben? Wie gehen wir damit um, dass sich unsere Gesellschaft zunehmend weniger an biblischen Werten orientiert, sich sogar immer weiter davon entfernt? Natürlich wäre es für Christen am einfachsten, wenn der Staat die Werteorientierung für sie übernehmen und auch beibehalten würde, aber der Staat ist nicht christlich. Er will ein Staat für alle Bürger sein, auch für die Nicht- oder Andersglaubenden.

Die Bibel sagt nicht, dass der Staat die Säule und Grundfeste der Wahrheit ist, sondern die Gemeinde (1Tim 3,15). Wir können das Verhalten der Menschen um uns herum nicht diktieren, wir haben nur Einfluss auf unser eigenes Leben in Gemeinde und Familie.

> Nicht der Staat ist die Säule und Grundfeste der Wahrheit, sondern die Gemeinde.

Wir sollten uns vor allem auf dieses Fundament stützen, mutig und mit Freude Licht und Salz sein und nicht verängstigt oder verärgert den Wandel unserer Gesellschaft betrachten. Das standhafte Vorbild der Eltern prägt Kinder sehr viel stärker, als die Welt es mit all ihren Verwirrungen je könnte. Das Geheimnis standhaften Christentums und der wehrhaften Gemeinde beginnt in der Familie.

Jede Generation muss neu Antworten finden auf die Fragen ihrer Zeit, und auch wir werden Wege finden, wie wir Ehe und Familie sicher durch alle Wandlungen der Gesellschaft bringen und sie verteidigen, ohne uns dieser Gesellschaft gegenüber feindlich zu verhalten oder uns ihr lediglich anzupassen. Die gute Nachricht ist: Das haben Christen früherer Jahrhunderte unter Führung des Herrn der Gemeinde geschafft, und wir werden es auch schaffen. Wahr ist aber auch: Sie mussten sich dafür einsetzen, und das wird auch unsere Aufgabe werden.

1. Christen stellen sich der „Welt" – das mussten sie immer schon

Wir haben in Deutschland lange darauf vertraut, dass sich die Gesetze und die Politik – einigen Irrungen zum Trotz – im Wesentlichen nach einem Grundgesetz ausrichten, das christliche Werte schützt. In der Präambel des Grundgesetzes heißt es direkt im ersten Satz: „Im Bewusstsein seiner Verantwortung vor Gott und den Menschen, (…) hat sich das Deutsche Volk kraft seiner verfassungsgebenden Gewalt dieses Grundgesetz gegeben."[1]

Zwar wurde dieses Vertrauen durch die Einführung von Straffreiheit bei Abtreibungen (1995), das Lebenspartnerschaftsgesetz (2001) oder die Legalisierung der Prostitution (2002) in den letzten 20 Jahren deutlich infrage gestellt, aber irgendwie betraf das die wenigsten Deutschen direkt. Erst als der Bundestag am Freitag, den 30.06.2017 die „Ehe für alle" beschloss und damit die Institution von Mann und Frau als stärkste menschliche Verantwortungsgemeinschaft relativierte, wurde deutlich, dass die „Verantwortung vor Gott" zu einer Worthülse zu verkommen droht und nun anscheinend keine Bastion christlich-biblischer Ethik mehr sicher ist. Die mehrheitliche Entscheidung der Abgeordneten war für viele Ausdruck des unaufhaltsamen Werteverfalls, der sich seit Langem abzeichnet. In der Ausgabe von Idea Spektrum, die direkt nach der Abstimmung erschien, kommentierte Prof. Stefan Holthaus diese in einem Beitrag mit: „Kein guter Tag für unser Volk."[2] In vielen Kommentaren und Blogs war die Verunsicherung und Enttäuschung von Bürgern und besonders von Christen zu lesen. Während der Zuspruch zur „Ehe für alle" unter Atheisten am stärksten war und diese dabei die EKD auf ihrer Seite wussten,[3] stieß sie bei Katholiken und Evangelikalen auf Ablehnung. Im Chor der Befürworter der „Ehe für alle" stimmten evangelische Kirchenvertreter den Bass und Tenor an, die oberen Töne kamen von der politischen Linken. Es ist also das Phänomen eingetreten, dass eine Minderheit der Mehrheit ihre Haltung aufdrückt.

„Etwa 2,5 Prozent der Deutschen sind lesbisch oder schwul, knapp 50 000 leben in einer eingetragenen Lebenspartnerschaft. Dem stehen über 17 Millionen klassische Ehen zwischen Mann und Frau gegenüber", kommentiert dazu Uwe Heimowski, Beauftragter der Evangelischen Allianz im Bundestag. Er schreibt, es gehe nicht um den Kampf gegen Lesben und Schwule, sondern um den Kampf für die klassische Ehe. Christen würden keine Diskriminierung befürworten, sondern Differenzierung fordern. Und damit stehe man auf dem Boden des Grundgesetzes. Dennoch müsse man sich beschimpfen lassen als homophob, mittelalterlich, völkisch usw. Oder es heißt: „Diese Leute sind nicht homophob, das sind einfach A***löcher" (Katrin Göring-Eckart beim Christopher Street Day im Juni in Hannover). Der Ton habe sich verschärft, und es sei zu befürchten, er werde es weiter tun. Mit dem neuen Gesetz sei nicht nur die Ehe geöffnet, das Problem liege tiefer. Es würden Normen umgedeutet, die Ehe neu definiert. Nach Heimowski ergeben sich daraus Fragen:

1. Geht es den Kämpfern einer „Ehe für alle" wirklich um eine Gleichstellung der verpartnerten Lesben und Schwulen? Oder wird diese kleine Gruppe (0,06 Prozent der Bevölkerung) instrumentalisiert, um die Ehe insgesamt infrage zu stellen? Lobbyist Micha Schulze kommentiert auf queer.de: „Wer glaubt oder hofft, dass die Homo-Lobby nun am Ziel ist und verstummt, der irrt gewaltig. Die Ehe für alle wird die LGBTI-Bewegung vielmehr beflügeln, ihre Forderungen gegenüber dem Deutschen Bundestag noch selbstbewusster zu vertreten – vor allem diejenigen Forderungen, die von der Ehe für alle bislang in den Hintergrund gedrängt wurden."[4]

2. Wenn wegen einer symbolischen Diskriminierung, so der Gesetzestext der „Ehe für Alle", die normative Bedeutung der Ehe im Grundgesetz neu definiert werden kann, wie wirken sich dann andere „gefühlte" Ungerechtigkeiten zukünftig auf unseren Rechtsstaat aus?

3. Wenn es kein traditionelles Leitbild mehr gibt, was soll die Menschen daran hindern, die „Ehe für alle" wörtlich zu nehmen? „Ich bin bisexuell. Aber ich darf nur einen meiner Partner heiraten. Der andere wird diskriminiert." In Kolumbien ist vor Kurzem die erste Dreier-Ehe geschlossen worden. Ist es da so abwegig, dass Kinderehe, Polygamie und Geschwisterehe gefordert werden? Noch einmal Micha Schulze: „Auch die Abschaffung des diskriminierenden Schutzalters müssen wir weiter vom Bundestag einfordern. Ebenso rechtliche Absicherungen für Menschen, die sich für Lebensgemeinschaften jenseits der Zweierkiste entscheiden und dies wünschen." Man horche auf: „diskriminierendes" Schutzalter!

4. Folgt auf die „Ehe für alle" nun das Recht auf „Kinder für alle"? Das Adoptionsrecht wird kommen. Und dann? Das Recht auf ein Retortenbaby? Das Recht auf Leihmutterschaft? In Deutschland ist Leihmutterschaft verboten. Aus gutem Grund. Frauen werden emotional und körperlich ausgebeutet, natürliche Mutterschaft auf ein Geschäftsmodell reduziert. Leihmutterschaft ist in jeder Hinsicht sittenwidrig. Aber wird das so bleiben?[5]

Der Evangelische Kirchentag scheint jedes Jahr wie ein Pulsmesser zu sein, der uns anzeigt, wie weit sich das Verständnis der evangelischen Verantwortungsträger von Christsein und der

Zeitgeist angenähert haben. Wenn man auf der Website des Kirchentages 2015 das Suchwort „Christenverfolgung" eingab, erhielt man genau null (!) Einträge. Suchte man hingegen nach „Verfolgung", wurden drei Treffer angezeigt: 1. „Die Verfolgung gleichgeschlechtlich Liebender" 2. „Historie der Ausgrenzung und Verfolgung homosexueller Männer in Baden-Württemberg" und 3. „Verfolgung Homosexueller". Ertragreicher waren da schon die Suchwörter „schwul", mit 16, und „Gender" mit gleich 19 Einträgen. Vergeblich suchte man nach *„Messianische Juden"* – sie waren unerwünscht – oder nach Organisationen, die homosexuell empfindenden Männern helfen, ihre Neigung zu überwinden.

Im Kirchentags-Programmheft hießt es: „Unser Programm ist so bunt wie die Vielfalt sexueller Orientierungen und geschlechtlicher Identitäten und das ist gut so." Moritz Breckner kommentierte: „Das soll uns als Fazit dienen: Beim Kirchentag treffen sich viele bunte Menschen, die sich gegenseitig versichern, wie gut sie sind. Das Motto lautete übrigens: ‚Damit wir klug werden.' Wünschen kann man es sich ja."[6]

> Nach der Bibel ist die Ehe eine lebenslange Gemeinschaft zwischen einem Mann und einer Frau, bis dass der Tod sie scheidet.

Wir wollen uns durch diese Beobachtungen nicht entmutigen lassen, im Gegenteil. So falsch die Entscheidung des Bundestages zur Ehe für alle und zu den anderen genannten Themen aus biblischer Sicht war (denn nach der Bibel ist die Ehe eine lebenslange

Gemeinschaft zwischen einem Mann und einer Frau, bis dass der Tod sie scheidet), so ermutigend ist die immer noch heftig geführte gesellschaftliche Debatte darüber. Denn dass wir überhaupt darüber streiten, ist Folge des Einflusses der Bibel auf unsere Kultur und ein Zeichen, dass von diesem Einfluss noch eine Menge übriggeblieben ist.

Wir sollten uns von der Geschichte des Christentums vielmehr ermutigen lassen, jetzt nicht in Pessimismus zu verfallen und lediglich das Ende der Welt zu beklagen. Denn die Situation ist nicht neu. Den „Abfall vom Glauben" oder den Umgang mit Ablehnung hat es in der Bibel und auch in der Kirchengeschichte immer wieder gegeben.

Immer wieder gab es Zeiten des moralischen und ethischen Niedergangs der Christenheit und dann auch wieder Zeiten des Aufbruchs und der Erweckung, oft sogar gleichzeitig an verschiedenen Orten. Allerdings – auch das lernen wir aus der Geschichte – verlangten sie von den Bekennern des Glaubens eine ganze Portion Standhaftigkeit, Mut und Leidensbereitschaft. Zeiten der Anfechtung waren oft auch Zeiten der Erweckung, in denen sich die Spreu vom Weizen trennte und das Licht des Evangeliums umso heller strahlte. Gott hat es immer verstanden, seine Gemeinde zu bewahren, und schickte ihnen Männer und Frauen, die mutig zu dem standen, was sie glaubten.

> Zeiten der Anfechtung waren oft auch Zeiten der Erweckung, in denen sich die Spreu vom Weizen trennte und das Licht des Evangeliums umso heller strahlte.

Werteverfall gab es immer schon

Ein Blick in die Geschichte zeigt uns, dass, damals wie heute, die „früheren Zeiten" vorschnell positiv verklärt werden. Das 4. und das 5. Buch Mose liefern uns eine Reihe Berichte, wie schnell sich das Volk Israel nach dem Auszug aus der Sklaverei nach den „Fleischtöpfen Ägyptens" zurücksehnte und vergaß, was Unterdrückung und Unfreiheit eigentlich bedeutet hatten. Immer wieder jammerten die Israeliten über die scheinbar unzumutbaren Umstände, die Gottvertrauen und Nachfolge ihnen abverlangten. Wir Menschen haben ein kurzes Gedächtnis. Wir neigen dazu, die Zeit, in der wir leben, als schlimmer und schwieriger zu empfinden als die unserer Vorfahren. Als hätte es damals keine Herausforderungen und schwierigen Umstände gegeben. Schon Salomo warnte vor diesem Irrtum: „Sage nicht: Wie kommt es, dass die früheren Tage besser waren als diese? Denn nicht aus Weisheit fragst du danach" (Pred 7,10).

Der altestamentliche Prophet Jeremia berichtet ausführlich vom Werteverfall seiner Zeit, in dem wir Parallelen zur Gegenwart erkennen können. Eigentlich wurzelte die damalige Gesellschaft auf einer biblischen Tradition; Rechtsprechung, Ethik und Moral waren nach außen hin vom jüdischen Glauben an den einen Gott geprägt. Offiziell waren die Bücher Mose Grundlage für das Gerechtigkeitsverständnis der damaligen Generation. Im Alltag der Menschen waren jedoch Korruption, Ehebruch, Kindstötung, Menschenopfer, Bestechung, Unterdrückung und Gewalt gegen

Schwache und Arme gang und gäbe. Jeremia prangerte, wie Micha, der zeitgleich wirkte, die „tolerante" Gesellschaft seiner Zeit an.

Der Zeitgeist war geprägt von einem hedonistischen, sexuell ausschweifenden Leben (Jer 2,20.23.25), von Skrupel- und Gewissenlosigkeit (2,35), Ungehorsam gegen Gott (2,31; 6,16 f.), Forderung nach Nachsicht und Toleranz gegenüber Tabubrüchen (2,27; 3,4.5), Verlogenheit (5,2). Man manipulierte sich die Gesetze so, dass sie einem passten (8,8), man klagte Gott für das Unglück an und schob jede Verantwortung weit von sich (5,19; 13,22), man fühlte sich von Ermahnungen genervt und verbat sich jede private Einmischung (18,12; 22,21); man vertrat eine „positive Theologie" mit einem einseitigen Gottesbild: Gott war ausschließlich gütig, man nahm die segnenden Verheißungen in Anspruch, die Flüche wurden geleugnet (5,12-13; 6,14; 7,9-10; 8,11; 12,4; 14,33; 23,17), die Propheten (Theologen) erzählten genau das, was das Volk hören wollte (27,16; 29,15).

Es fanden Enteignungen durch die Mächtigen statt, ohne dass sich ihnen jemand in den Weg stellte (Mi 2,2). Gott wurde ausschließlich als geduldig und gütig gesehen, sich selbst empfanden die Menschen als rechtschaffen und korrekt (Mi 2,7). Die religiösen Führer werden treffend beschrieben: „So spricht der HERR über die Propheten, die mein Volk irreführen: Wenn sie etwas zu beißen haben, rufen sie: Frieden! Wer ihnen aber nichts ins Maul gibt, gegen den heiligen sie einen Krieg" (Mi 3,5). Die Geldgier war allgegenwärtig, alles ließ sich kaufen: die Richter, die Intellektuellen und die Theologen, und dann trat man vor Gott und sagte scheinheilig: „Ist der HERR etwa nicht in unserer Mitte? Kein Unglück wird über uns kommen!" (Mi 3,11).

Und schließlich wurde das ganze orientierungslose Denken erkennbar, als das Volk die Ursache für sein Unglück und die Zerstörung Jerusalems darin sah, dass es zu lange nicht mehr der Himmelsgöttin geopfert habe und man deshalb wieder damit anfangen müsse (Jer 44,16-18).

Zur Zeit Jeremias waren es gerade die „liberalen Theologen", die der Botschaft Gottes den größten Widerstand entgegenbrachten. Es war „modern", liberal zu sein, lästige Traditionen über Bord zu werfen und alle Fesseln der Moral und Ethik abzulegen. Und jeder, der diese Toleranz nicht aufbrachte, wurde mit unbarmherziger Intoleranz geächtet.

Man kann wohl sagen, dass die Predigt Jeremias 43 Jahre lang ohne jede Wirkung blieb und NIEMAND auf seine Warnungen hörte. Selbst als alles genauso eingetroffen war, wie es der Prophet vorausgesagt hatte, blieb das Volk stur und ohne Einsicht.

War das Volk Gottes damit am Ende? Auf keinen Fall! Nachdem eine ganze Generation weggestorben und eine neue herangewachsen war, wurde auch ein Neuanfang möglich. Es waren die Buße und das Gebet des Nehemia, die zu einer Erweckungsbewegung führten und das Volk für einen Neubeginn öffneten.

Wir können daraus lernen, dass in der Prägung der nächsten Generation das Geheimnis eines Neuanfangs liegt. Deshalb ist es so wichtig, dass wir Familien stark machen, ihre Kinder auf Gott und die Bibel auszurichten und Licht und Salz in ihrer Zeit zu sein. Dazu sind Gemeinden, christliche Schulen, Missionswerke und Bibelschulen gleichermaßen notwendig. Und es sind Väter und Mütter nötig, die vielleicht nicht mehr ihre Zeit, aber die Zeit ihrer Kinder verändern können, indem sie ihre Kinder prägen.

> In der Prägung der nächsten Generation liegt das Geheimnis eines Neuanfangs.

„Modern" ist kalter Kaffee

Die Gemeinde Jesu wurde in eine ebenso denkbar schwere Zeit hineingeboren. Die römische Gesellschaft war multikulturell und plural. Es gab nichts, was es nicht gab. Vielleicht hatte Gott sich für sein größtes Projekt die schwierigsten Startbedingungen überhaupt ausgesucht, um zu zeigen, wie überaus überlebensfähig und unzerstörbar diese seine geniale Idee war.

David Gooding schreibt, dass der „moderne" Geist wesentliche Teile der christlichen Botschaft unattraktiv findet und das zu allen Zeiten. Nicht etwa die Lehre der Liebe und Vaterschaft Gottes, nicht die Aufforderung zum sozialen Engagement oder die Sorge um die Kinder und Alten, die Nächsten- und Feindesliebe. Nein, das Übernatürliche wie die Menschwerdung Jesu, die

Jungfrauengeburt, die leibliche Auferstehung aus dem Grab, seine Himmelfahrt und dass Jesus wiederkommen wird. Und zum anderen den dogmatischen Ausschließlichkeitsanspruch, dass es keine Rettung gibt außer durch Jesus Christus, dass kein anderer Name den Menschen gegeben worden ist, durch den sie gerettet werden müssen (Apg 4,12).[7]

Solche Ansprüche sind aus der Mode gekommen. Denn die Mitgliederzahlen der Kirchen sinken, so etwas lässt sich heute nicht mehr verkaufen. Und nun versuchen uns nicht Atheisten, sondern evangelische Theologen damit zu ermutigen, dass das Evangelium wieder attraktiv werden könne, wenn es nur auf einen modernen Stand gebracht würde und es auf die Teile verzichte, die dem modernen Verstand eben unangenehm seien. Es wird uns erzählt, dass der moderne Verstand ja nur die Dinge inakzeptabel finde, die kein notwendiger Bestandteil des Evangeliums seien. Die Lehren zu Ehe, Familie, Sexualethik wären nur die Verpackung, um die Lehren des wirklichen christlichen Lebens (Toleranz, Nächstenliebe) zu vermitteln. Sie könnten nun beseitigt werden, ohne den wahren christlichen Lehren Schaden zuzufügen. In den Tagen des Neuen Testaments hätten die Christen sehr wenig über die große Welt gewusst und seien von daher der Ansicht gewesen, ihre Religion sei die einzig wahre, wie das eben ein kleines Kind erlebt. Und für das Bedürfnis eines Kindes war eben die Sicherheit wichtig, dass Papi der einzige vertrauenswürdige Papi der Welt ist.

Mit durchaus bedrohlichem Ton werden wir dann davor gewarnt, dass der moderne Verstand den altmodischen Ausschließlichkeitsanspruch des fundamentalistischen Christentums nicht länger tolerieren könne. Dieser sei vielleicht im Altertum und Mittelalter erfolgreich gewesen, könne aber in der modernen Welt nicht überleben. Er müsse sich anpassen und tolerant werden.[8]

Wenn die Apostel den Einwänden der damaligen Denker gefolgt wären und die leibliche Auferstehung infrage gestellt hätten, gäbe es heute keine christliche Kirche (1Kor 15,12-20). Oder nehmen wir die Lehre, dass Rettung nur in Jesus Christus und in keiner Religion oder Philosophie gefunden werden kann (Apg 4,12). Die Reaktion der modernen Menschen damals wie heute ist gleich: Sie empfinden diesen Anspruch als ignorant, sogar als arrogant, sie fühlen sich davon provoziert. Und wann immer sie konnten und sich in der Mehrheit befanden, verfolgten sie Christen dafür auch.

Christen waren nicht dumm

Die römischen Christen waren nicht dumm oder primitiv. Im 1. Jahrhundert wusste der durchschnittliche römische oder griechische Christ durch persönlichen und täglichen Kontakt definitiv mehr über andere Religionen als der durchschnittliche Christ in der heutigen modernen Welt. Lukas' lebendige Beschreibung Athens mit den endlosen Altären endlicher Götter und

Gottheiten gibt uns einen Eindruck der Welt, in die das Christentum hineingeboren wurde, begleitet von Religionen und Philosophien jeder Art. Da war der klassische Glaube an den olympischen Gott, in seiner griechischen und römischen Version, mit seinen wundervollen Tempeln und öffentlichen Zeremonien. Da waren die Mysterien-Religionen, die mit dem Versprechen lockten, ihre Anhänger in eine Einheit mit Gott und damit in eine wundervolle ekstatische Erfahrung zu bringen. Es gab die verbreiteten mystischen Vorstellungen der Seelenwanderung, des Fegefeuers und der Reinkarnation, die durch Pythagoras und Plato aus dem Hinduismus in die griechische Religion und Philosophie eingeflossen waren. Es gab strenge asketische Religionen (Kol 2,20-23). Es gab liberale Religionen, die außerehelichen Geschlechtsverkehr und Homosexualität befürworteten (2Petr 2; Jud 7-8). Es gab Philosophien, die einen friedlichen Charakter hatten (Kol 2,8) und Religionen, in denen Fanatismus zu Revolten, Gewalt und Mord führte (Apg 9,1-2;19,21-40). Es gab Religionen, die an Christus als den „großen Weltgeist" glaubten, aber Jesus als Retter leugneten (1Jo 2,18-22;4,2-3). Und zudem erinnert uns die Apostelgeschichte daran, dass es in zahlreichen Städten Synagogen der Juden gab mit einer großen Zahl an Proselyten. In den ersten beiden Jahrhunderten war das Christentum weder Mittelpunkt der Welt noch offizielle Religion in einer einheitlichen Kultur, sondern eine kleine, unterdrückte und verfolgte Minderheit inmitten gigantischer, weltoffener Reiche.[9]

Nicht aus Unwissenheit oder religiösem Größenwahn predigten sie Christus als den einzigen Retter, sondern aus der schlichten Freude darüber, dass Gott in Christus genug zur Rettung jedes Menschen getan hatte. Keine andere Religion war verlässlich, es gab nirgendwo ein vergleichbares Opfer. Friede mit Gott war ein Geschenk, für jeden verfügbar, unmittelbar und frei.

Unbeugsam trotz Druck

Die Spannung zwischen den ersten Christen und dieser „Vielfalt" ist biblisch und außerbiblisch bezeugt. Viele kamen dabei zu Tode. In den ersten 300 Jahren erlitten Christen unter 50 Kaisern zum Teil schreckliche Verfolgungen und bezahlten ihre Unbeugsamkeit mit dem Leben. Nicht Revolution, sondern Beharrlichkeit und Unbeugsamkeit waren die Merkmale der ersten Christen. Nicht alle Christen konnten diesem Druck standhalten, manche zerbrachen auch daran, gerade wenn sie nicht fest im Glauben standen, die Beziehung zu Gott nur angelernt war oder sie aufgrund der Erwartung persönlicher Vorteile Christen geworden waren.

Die frühen Christen verstanden sich nicht als Weltverbesserer. Alvin J. Schmidt schreibt: „Sie hatten kein Programm zur Veränderung der Gesellschaft, und die Veränderungen, die durch sie angestoßen wurden, waren weitgehend ‚Nebenwirkungen' ihres verwandelten Lebens, eines Lebens, das sie nicht nur die heidnischen Götzen, sondern auch den unmoralischen Lebensstil der griechisch-römischen Gesellschaft verwerfen ließ. Sie wussten darum, dass Christus seinen Anhängern kein Paradies auf Erden versprochen, ja, ihnen Ablehnung und Verfolgung prophezeit hatte: *‚Aber das alles werden sie euch tun um meines Namens willen'* (Joh 15,21). Die römischen Verfolger der Christen haben Christi Prophezeiungen bis aufs i-Tüpfelchen erfüllt."[10]

In den hundert Jahren vor und nach Christus gab es in Israel mindestens zehn messianische Bewegungen, die alle scheiterten. Aber anders als Führer dieser und anderer Bewegungen war Jesus keine politische Figur. Auch ohne Einfluss auf den Hof des Königs Herodes und ohne Kontakte zur politischen Führung in Rom veränderte er die ganze Welt. Er unternahm keine Protestmärsche, organisierte keine Generalstreiks, verteilte keine Flugblätter und rief nicht zum bewaffneten Kampf auf. Aber er veränderte das Leben von Millionen von Menschen mehr als Buddha, Alexander der Große, Mohammed und Napoleon zusammen. Wie konnte das gelingen? Weil die Botschaft der leiblichen Auferstehung von Jesus Christus seine Anhänger innerlich verwandelte. Selbst unter brutalsten Verfolgungen griffen sie nicht zum Schwert, sondern fuhren unbeugsam fort, in Wort und Tat die Liebe Christi und Vergebung für die Feinde zu predigen und das unabhängig von Herkunft, Geschlecht oder Status. Sie taten dies, weil sie *wussten*, dass Jesus Christus, der von Pilatus gekreuzigt wurde, wirklich von den Toten auferstanden war. Und für das neue Leben in Jesus waren sie bereit, ihr eigenes hinzugeben. Sie folgen der Weisheit eines Jim Elliot: „Der ist kein Narr, der hingibt, was er nicht behalten kann, um zu gewinnen, was er nicht verlieren kann."

Die Macht des Vorbildes

Wenn man heute ins Ausland reist, bekommt man den Rat: „Pass dich den Gewohnheiten des Landes an, in das du kommst." Aber genau das taten die ersten Christen nicht.

Eines der hervorstechendsten Merkmale der heidnischen römischen Gesellschaft war die Geringschätzung des menschlichen Lebens. Von den römischen Göttern konnten die Heiden keine Unterweisung in Moral erwarten, sie verhielten sich selbst recht verwerflich.

Die Christen sahen den Menschen als Krone der Schöpfung, als Ebenbild Gottes (1Mo 1,27), der zwar in Sünde gefallen, aber immer noch „mit Herrlichkeit und Ehre" gekrönt war (Ps 8,6). Er war Gott so wertvoll, dass er seinen eigenen Sohn Mensch werden ließ. Für die ersten Christen war jedes menschliche Leben wertvoll und nicht billig. Damit aber begaben sie sich auf Konfrontationskurs mit vielen kulturellen Sitten der Gesellschaften, in denen sie lebten.

> Für die ersten Christen war jedes menschliche Leben wertvoll und nicht billig.

Was die Fragen der Auferstehung und der Schöpfung, die Ethik des Lebens, die Moral von

Ehe und Familie, die Feindesliebe, die Verweigerung zur Teilnahme an den grausamen Gladiato-
renspielen und der Tötung von Kindern betrifft,
verweigerten sich die Christen der ersten Jahrhunderte standhaft der Anpassung und waren in
hohem Maß intolerant. Sie zeigten sich intolerant
gegenüber der Lebensweise ihrer heidnischen
Umwelt und wichen oft von gesellschaftlichen
Normen ab, sehr zur Verwunderung, aber auch
zum Ärger und Zorn ihrer Mitmenschen. Kaiser
ließen sie dafür hinrichten, in verschiedenen Teilen des Römischen Reiches wurden sie verfolgt.
Untersuchungen der Organisation Open Doors
weisen nach, dass das nicht nur für die Anfänge
der Gemeinde galt, sondern bis in die heutige Zeit
reicht. Weltweit sind allein im 20. Jahrhundert
mehr Christen als Märtyrer für ihren Glauben gestorben als in der gesamten Geschichte der Kirche
zuvor. Von außen betrachtet, ist es die Intoleranz
ihres Vorbildes, die Christen all die Jahrhunderte
das Leben gekostet hat. Sie weigerten sich schlicht,
ihre hohe Moral und Ethik zur Verhandlungssache
zu erklären. Von innen aber taten sie es aus einem
verwandelten Herzen, überführt von der Wahrheit
und aus Liebe zu ihrem Schöpfer, und dienten dabei ihren Mitmenschen, Freunden und Feinden.

Gutestun als Leitbild

„Lasst uns also nun, wie wir Gelegenheit haben,
allen gegenüber das Gute wirken, am meisten aber
gegenüber den Hausgenossen des Glaubens!",

schreibt Paulus in Galater 6,10. Gutes zu tun war in der ersten Gemeinde die Leit-Ethik, mit der Christen einer heidnisch-feindlichen Umgebung begegnen sollten. Im Brief an Titus lässt Paulus die Gläubigen mehrfach ermahnen, Gutes zu tun (Tit 1,8; 3,8.14).

Der Infantizid (Kindestötung nach der Geburt) war in der griechisch-römischen Gesellschaft erschreckend normal. Besonders betroffen waren kranke oder missgebildete Säuglinge. Meist wurden sie ertränkt, aber es gab auch noch brutalere Tötungsarten. Der Mord an Neugeborenen war so weit verbreitet, dass der Geschichtsschreiber Polybius damit den Bevölkerungsrückgang im antiken Griechenland um 150 v. Chr. begründete. In der Stadt Delphi soll es im 2. Jahrhundert v. Chr. unter 600 Familien nur sechs gegeben haben, die zwei Töchter aufzogen.[11] Aber auch in anderen Kulturen wie China, Indien, Japan oder Brasilien wurden unerwünschte Kinder nach der Geburt getötet. Euripides erwähnt, dass Neugeborene in Flüsse oder auf Misthaufen geworfen oder an Straßenrändern den wilden Tieren zum Fraß vorgeworfen wurden. In Sparta wurden neugeborene Kinder vor die Ältesten der Stadt gebracht, die darüber entschieden, ob die Eltern das Kind behalten durften oder aussetzen mussten.

Nicht umsonst werden ausgesetzte Kinder in griechisch-römischen Tragödien besungen, z. B. in der Tragödie des Ödipus, in der der drei Tage alte Ödipus ausgesetzt wird und schließlich als tragischer Held von Korinth auftritt, oder in der

Geschichte über die Gründer Roms, Romulus und Remus, die als Kinder ausgesetzt wurden. Vielleicht kann man darin die Spuren eines schlechten Gewissens sehen, indem man hoffte, aus den verstoßenen Kindern könnten ja doch noch Helden werden.

Doch für Christen war sowohl Kindestötung als auch Abtreibung Mord. Kinder waren, geboren oder ungeboren, Geschöpfe Gottes. Denn Christus hatte gesagt: „Lasst die Kinder, und wehrt ihnen nicht, zu mir zu kommen! Denn solchen gehört das Reich der Himmel" (Mt 19,14). Christen nahmen Findelkinder auf. Benignus von Dijon wie auch sein Mentor Polykarp, die beide den Märtyrertod erlitten, adoptierten Findelkinder. Auch die schweren Verfolgungen der ersten Jahrhunderte änderten nichts am Eintreten der Christen für die Heiligkeit des Lebens. Für sie kam es einem Mord gleich, das eigene Kind auszusetzen. Und am Ende zeigte ihre Beharrlichkeit Erfolg. Die Kaiser (beginnend mit Valentinian und seinem Dekret aus dem Jahr 374 n. Chr.) stellten nicht nur Abtreibung und Kindestötung, sondern auch das Aussetzen von Kindern unter Strafe (Codex Justinianus). In praktisch allen christlich geprägten Ländern der Welt beeinflusst heute die Achtung vor der Heiligkeit des Lebens die Gesetzgebung und Rechtsprechung.[12]

Doch auch in den christlichen Ländern Europas hörte die Praxis der Kinderaussetzung nie ganz auf, obwohl den Kindern moralisch und rechtlich die Heiligkeit des Lebens zugesprochen wurde. In einem Bericht aus dem 16. Jahrhundert beklagt ein Priester, dass „die Latrinen widerhallen von den Schreien der Kinder, die man in sie geworfen hatte".[13]

Vishal Mangalwadi, indischer Reformator und überzeugter Christ, erzählt eine Geschichte, die er noch in den 1990er-Jahren erlebte. Es ist die Geschichte der kleinen Sheela, die von ihren indischen Eltern nach der Geburt zum Sterben in eine Hängematte gelegt wurde – weil sie ein Mädchen war. Ruth, seine Frau, erfuhr eher durch Zufall von der zehnjährigen Schwester davon, als diese von ihr gefragt wurde, wie viele Geschwister sie habe. Die Kleine antwortete: „Vier – vielleicht auch drei", das Vierte sei fast tot. Tief davon getroffen eilte Ruth zum Haus der Familie und fand das Baby dehydriert in einer Hängematte. Erschrocken stellte sie fest, dass das Schicksal des Neugeborenen den Eltern und Nachbarn gleichgültig war. Ein Arzt sei teuer, und schließlich könne man nichts machen, wenn das Kind nichts esse und die ganze Zeit erbreche. Appelle an die Fürsorge des Vaters und der Mutter verhallten ungehört, bis Ruth sie dazu überreden konnte, dass sie selbst das Kind mitnehmen und wieder aufpäppeln durfte. Nach einem Klinikaufenthalt und guter Pflege kamen die Eltern vorbei, um ihr Eigentum wieder abzuholen. Nach kurzer Zeit befand sich die Kleine in demselben erbärmlichen Zustand wie zuvor. Wieder konnte Ruth die Eltern nur mit Mühe überreden, das Mädchen in ihre Obhut zu geben, und wieder wurde es nach kurzer Zeit gesund, bis die Eltern es erneut abholten und schließlich verhungern ließen. Mangalwadi berichtet, dass das Mädchen von seinen Eltern als Last gesehen wurde, es würde als Mädchen Kosten verursachen, wenn die Eltern ihr später eine Mitgift mitgeben müssten, und nicht selten würden Bräute nach der Hochzeit umgebracht oder misshandelt, um noch mehr Geld von den Brauteltern zu erpressen, wenn die Mitgift erst einmal bezahlt war. Im hinduistischen Denken dieser Eltern hatte der Mensch keine Würde, er war eine nützliche oder weniger nützliche Sache. Zudem sahen sie das Leben des Mädchens, in Erwartung der Schwierigkeiten, die ihm begegnen würden, als nicht lebenswert an.

Die ersten Christen hingegen sahen in jedem Menschen die Heiligkeit und Würde des Lebens. Diese Heiligkeit befindet sich leider heute wieder auf dem Rückzug. In fast allen ehemals christlich geprägten Ländern ist das Recht auf Abtreibung und sogar Spätabtreibung wieder eingeführt worden. Auch das Aussetzen von Kindern ist auf dem Vormarsch, was die zunehmende Ausstattung von Städten mit „Babyklappen" zeigt. Immerhin sind diese Klappen noch ein Beweis dafür, dass die grundsätzliche Heiligung des Lebens noch lebendig ist.

Die Kraft der christlichen Ehe

Das Christentum entstand inmitten der freizügigen, polygamen Lebensweise Roms. Ehebruch galt nicht nur als Vergnügen, sondern war ein wirtschaftliches Verbrechen, da die Frau Eigentum des Mannes war. Ganz anders hingegen war ihr Status bei den Christen. Die monogame Ehe genoss unter Christen einen großen Stellenwert. Mangalwadi schreibt: „Das hohe Ansehen, das die Ehe dagegen bei den Christen genoss, schenkte den christlichen Frauen im Vergleich zu den heidnischen Frauen ihrer Zeit viel mehr Sicherheit und Geborgenheit, was wiederum zu einer höheren Geburtenrate führte. Da Christen Kindesmord und Abtreibung ablehnten, sanken die Sterberaten. Die christliche Bevölkerung wuchs stärker als die heidnische. Die Entscheidung der Christen zu sexueller Reinheit und stabiler Ehe sowie zur Fürsorge für Kinder, Waisen und Witwen wirkten sich stabilisierend auf die Gesellschaft aus, obwohl das Wohlergeben der Gesellschaft eigentlich nicht ihr oberstes Anliegen war. Sie wollten vor allem Gottes Wort gehorchen und seinen Willen tun."[14]

Nachdem die Ehe mit der Einführung des Zölibats für den Klerus als Angelegenheit niedrigerer Menschen angesehen wurde und die wahrhaft Geistlichen ihre Überlegenheit durch Verzicht auf alles Sexuelle ausdrückten, bezeichnete Martin Luther diese Verleugnung von Sexualität und Ehe als „Lehre der Dämonen"[15]. Er lehrte dagegen: „Die Ehe ist ein schweres Kreuz, weil so viele Ehepaare streiten. Es ist Gottes Gnade, wenn wir uns einig sind. Der Heilige Geist lehrt, dass es drei Wunder gibt: wenn Brüder sich einig sind, wenn die Nachbarn sich lieben und wenn ein

Mann und seine Frau eins sind. Wenn ich solch ein Paar sehe, freue ich mich so sehr, als würde ich einen Rosengarten sehen. Es ist selten."[16] Es ist wohl verständlich, dass es Männer im heidnischen Rom vorzogen, nicht zu heiraten, und lieber unverbindliche, außereheliche homosexuelle Beziehungen eingingen.

Während die Polygamie die Frauen schwach gemacht hatte, wurden sie in der Monogamie des Christentums, besonders dann durch Luthers Wertschätzung, stark.

Mangalwadi beschreibt die Konsequenzen z. B. für sein Heimatland Indien so: „Die verblüffende Ironie ist, dass manche Frauen die Monogamie ablehnen, weil sie meinen, es wäre Sklaverei, exklusiv an eine Person gebunden zu sein. In Wirklichkeit macht die Monogamie einen Mann praktisch zum Sklaven seiner Frau. Wenn ihm gesagt wird, er solle aufhören, Karten zu spielen, und Wasser holen gehen, dann kann der arme Kerl nicht protestieren und sich eine zweite Frau nehmen, die weniger Ansprüche an ihn stellt. Er kann nicht in den Tempel gehen und eine Göttin lieben oder im Haus seiner Geliebten schlafen. Er kann sich nicht von seiner herrschsüchtigen Frau scheiden lassen. Ja, er darf sie noch nicht einmal hassen. Er muss ihr nicht nur Wasser bringen, sondern auch noch einen Blumenstrauß, vorzugsweise mit einem liebevollen Kärtchen, auf dem steht: ‚Liebling, ruh dich heute einmal aus! Ich mache heute Abend das Essen.' Macht das den Ehemann schwach oder zu einem Pantoffelhelden? Es macht ihn sanftmütig und auch kreativ. Er muss nicht nur das Abend-essen machen, sondern auch eine Schubkarre, um Wasser zu transportieren, oder noch besser, sein Gemeinwesen organisieren, um dafür zu sorgen, dass Wasser in sein Haus, seine Molkerei oder sei-ne Fabrik gepumpt wird."[17]

Da der Mann die Frau nicht verlassen und der Verantwortung aus dem Weg gehen kann, indem er einfach zu einer anderen geht, wird er kreativ und versucht, sich das Leben mit einer klugen Er-findung zu erleichtern. So führt die Monogamie zu Entwicklung und Fortschritt und verhindert Unterdrückung und Sklaverei.

Mangalwadi schreibt weiter: „Monogamie ist schwer, weil sie nicht nachhaltig gelebt werden kann ohne eine Spiritualität, die den Vorrang der Liebe vor der Lust, die Unterordnung als das Ge-heimnis der Größe, die Sanftmut als die Quelle der Herrlichkeit und das Dienen als den Weg zur Macht vorschreibt."[18]

Exkurs: Sind Christen intolerant?

Wir haben am Beispiel der ersten Christen ge-sehen, dass sie mit ihrem Vorbild Zeugnis für die Wahrheit gaben und sich der Anpassung an ihre Zeit verweigerten. Ihr Glaube fußte auf un-veränderlichen Werten, die sie aber niemandem aufdrängten. Kann man diese mangelnde Bereit-schaft zur Anpassung als intolerant bezeichnen?

Es gibt ja kaum eine Haltung, die heute höher bewertet wird als Toleranz. Wer als intolerant wahrgenommen wird, wird sozial ausgeschlossen. Dabei wird Toleranz in keinem Katalog alter Tugenden erwähnt, weder bei den Griechen noch Römern, erst in der Neuzeit der Aufklärung taucht sie auf.

Toleranz im Neuen Testament

Auch wenn der Begriff „Toleranz" (lat. *tolerare* = ertragen, erdulden) im Neuen Testament nicht vorkommt, war die Haltung dahinter sehr wohl ein beherrschendes Thema. Die Haltung, die Auffassungen anderer zu achten und zu dulden, beschäftigte die Gemeinde inmitten einer multikulturellen Gesellschaft. Sie begegnet uns in den Evangelien, wenn Jesus mit der Samariterin spricht (Joh 4). Wir erleben sie in dem kulturellen Konflikt zwischen den christlichen Juden und christlichen Heiden, der die ganze Apostelgeschichte durchzieht. Im Konzil von Jerusalem (Apg 15) suchte man nach einem Weg, beide Gruppen zu verbinden. Der erste Ansatz war: Wir schützen jene grundsätzlichen Wahrheiten des Evangeliums, die für alle und ohne Ausnahme Gültigkeit haben (z. B. die Frage nach der Rettung allein aus Glauben, für die eine Beschneidung nicht nötig war), und üben Rücksicht in den Fragen, die eine starke kulturelle Prägung haben (z. B. Götzenopferfleisch essen,

> Wir schützen jene grundsätzlichen Wahrheiten des Evangeliums, die für alle und ohne Ausnahme Gültigkeit haben, und üben Rücksicht in den Fragen, die eine starke kulturelle Prägung haben.

Umgang mit Blut und Ersticktem). Die strengen Juden verzichteten auf die Forderung, dass sich die Heiden beschneiden lassen mussten, und die Heiden verzichteten auf Provokationen, indem sie kein Blut, Götzenopferfleisch und Ersticktes aßen und keine Unzucht trieben (Apg 15,28.29).

Toleranz – Anfang für Unterdrückung?

2008 wurde auf politischen Druck hin eine Veranstaltung der Offensive junger Christen (OJC) aus dem Programm des Christivals gestrichen, in der über die Veränderbarkeit einer homosexuellen Orientierung gesprochen werden sollte. Elke Pechmann, Öffentlichkeitsbeauftragte der OJC, wurde daraufhin gefragt, ob nicht Volker Beck von den GRÜNEN, der den Protest anführte, für Toleranz stehe und wie das mit dem Protest gegen den OJC vereinbar sei: „Ich vermute, dass Herr Beck einen bestimmten Toleranzbegriff favorisiert. Herbert Marcuse schrieb in einem Aufsatz über die Repressive Gesellschaft, dass man in ihr nicht von echter Toleranz ausgehen könne. Zwischen Herrschenden und Beherrschten könne es nicht das gleiche Toleranzverständnis geben. Herr Beck argumentiert in diesem Sinne machtpolitisch, in dem er bestimmen möchte, wie über den Umgang mit Homosexualität gedacht werden soll: einmal schwul, immer schwul. Er weist damit alle anderen Positionen zurück. Der Wunsch nach sexueller Veränderung ist aber Ausdruck freier Selbstbestimmung und offener Toleranz, für die unsere Gesellschaft einsteht und für die wir uns einsetzen. Menschen, die sich für andere Lebensentwürfe entscheiden, als Herr Beck es für richtig hält, und alle, die sie in diesem Anliegen unterstützen, begegnen dieser repressiven Toleranz. Ihnen kommt eine aggressive Intoleranz entgegen. Ulrich Parzany warnte: Niemand sollte denken, dass sich diese Intoleranz nur auf das Gebiet der Homosexualität beschränken wird. Mit der gleichen Logik lässt sich die christliche Verkündigung als Diskriminierung des selbstbestimmten Menschen, der nicht an Gott glauben will, beurteilen. Wenn ihr Christen seid, steht auf!"[19]

Toleranz im Sinne des Grundgesetzes

Die Mehrheit versteht heute unter Toleranz, dass die Meinung des anderen nicht geduldet werden, sondern kritiklos als gleichwertig zur eigenen anerkannt werden muss. Manche Äußerungen in dieser Richtung kommen fast einer Abschaffung der Meinungsfreiheit und einer Gleichschaltung des Denkens gleich. Noch steht dieser „modernen" Vorstellung von Toleranz allerdings eine höchstrichterliche Definition gegenüber. Das Bundesverwaltungsgericht (BVerwG) hatte in zwei Grundsatzurteilen zu den rechtlichen Voraussetzungen von Bekenntnis- und Weltanschauungsschulen vom 19.02.1992 zum Verständnis der Toleranz Stellung bezogen und sie aus der Sicht des Grundgesetzes definiert:

*„Toleranz bedeutet [...] nicht Offenheit und Neutralität in dem Sinne, dass den Schülern nicht vermittelt werden dürfte, eine bestimmte eigenen Überzeugung zu entwickeln, sich zu dieser zu bekennen und sie erforderlichenfalls auch zu verteidigen, vielmehr wird bei verfassungskonformer Anwendung speziell auf Bekenntnisschulen lediglich dasjenige Maß an **Duldsamkeit** gegenüber anderen, abweichenden Überzeugungen verlangt, das Voraussetzung für eine **offene Auseinandersetzung** mit anderen Überzeugungen ist. Dieses Mindestmaß an Toleranz **verbietet zwar eine Abwertung** sowie insbesondere eine Diffamierung von abweichenden Überzeugungen, keineswegs aber das Werben für die eigene Überzeugung. Jedes Bekenntnis ist seiner Natur nach darauf angelegt, in der Überzeugung von der Richtigkeit der eigenen Vorstellungen und Wertungen **sich zu diesen zu bekennen und für sie zu werben.**[20]*

Das BVerwG bestätigt damit eine Haltung, die wir als Christen durchaus teilen. Toleranz heißt demnach:

» *Duldsamkeit,* es also aushalten zu können, wenn Menschen anderer Überzeugung sind als man selbst. Es heißt keinesfalls, die Haltung des anderen gutzuheißen und als gleichwertig anzuerkennen. Sofern es um Wahrheit geht, ist das auch nicht möglich. Aber es bedeutet, abweichenden Meinungen

> Toleranz heißt, es aushalten zu können, wenn Menschen anderer Überzeugung sind als man selbst. Es heißt keinesfalls, die Haltung des anderen gutzuheißen und als gleichwertig anzuerkennen.

in jedem Fall friedlich und respektvoll zu begegnen, selbst wenn Christen dadurch in Rechten beschnitten werden.

» Eine *offene Auseinandersetzung muss möglich bleiben*. Ohne Gespräch keine Toleranz. Es ist die Kunst, zuhören zu können und im Gespräch zu bleiben, ohne Gefühle wie Hass oder Ablehnung aufkommen zu lassen. Jeder hat das Recht auf Äußerung seiner Meinung und auch, zu ALLEN Fragen eine abweichende Meinung zu vertreten, ohne dafür lieblos behandelt zu werden.

» *Verbot der Abwertung anderer Überzeugungen.* Leider haben Christen in der Geschichte auch den Fehler gemacht, ihre Haltung anderen aufzuzwingen, auch mit Gewalt. Jesus dagegen tat das nie. Er vertraute darauf, dass die Wahrheit für sich spricht und sich letztlich durchsetzt, so wie das Licht in der Dunkelheit nicht verborgen bleiben kann. Uns muss der Widerstand durch Vorbild genügen.

» *Werben für die eigene Überzeugung.* Mission war immer Teil der lebendigen Gemeinde Jesu. Und das bedeutete, das Evangelium von Jesus Christus weiterzusagen und Menschen einzuladen, Christus ebenfalls nachzufolgen. Die christliche Sexualethik, das Verständnis der Ehe, vom Schutz des Lebens und der Würde des Menschen sind nicht Nebenbereiche, sondern Kernthemen des Evangeliums. Das Evangelium von Jesus Christus umfasst die Lehre und das Leben der Menschen.

» *Sich zu Überzeugungen bekennen und sie verteidigen.* Blaise Pascal, der berühmte französische Mathematiker und Christ, schrieb mehr Bücher zur Verteidigung des christlichen Glaubens als über Naturwissenschaften und Mathematik. In den französischen Tageszeitungen *Le Monde* und *Le Figaro* lieferte er sich große Redeschlachten mit Gegnern des Christentums.[21] Auf diese Weise bekannte er sich zu seinen Überzeugungen als Christ. Das war nicht intolerant, sondern Ausdruck der Glaubensfreiheit, aus der heraus er über Wahrheit sprach. Das Eintreten mit allen friedlichen politischen Mitteln, die ihnen zur Verfügung standen, war auch eine Haltung der ersten Christen. Paulus wies den Knecht des Hohenpriesters zurecht, als der ihn schlug; er berief sich auf sein römisches Bürgerrecht, um seinen Häschern zu entfliehen. Hier haben wir als Christen vermutlich großen Nachholbedarf. Wir nutzen die uns zur Verfügung stehenden politischen Mittel der Einflussnahme viel zu wenig, um den Erhalt einer biblisch-christlichen Prägung der Gesellschaft zu beeinflussen. Hätte ein William Wilberforce das

> Wir nutzen die uns zur Verfügung stehenden politischen Mittel der Einflussnahme viel zu wenig, um den Erhalt einer biblisch-christlichen Prägung der Gesellschaft zu beeinflussen.

Vorhandensein der Sklaverei als gesellschaftlich unabänderliche Tatsache aufgefasst, und wäre nicht aus tiefer Überzeugung als Christ dagegen aufgestanden, wäre nicht 1807 nach 18-jährigem, friedlichem Kampf die Sklaverei im Commonwealth abgeschafft worden.

Fazit

Wie veränderten die ersten Christen die Welt? Mit der mächtigsten Waffe, die Christen haben können: mit ihrem standhaften Vorbild der Liebe. Während die römische Gesellschaft Kinder aussetzte, wurden sie von Christen aufgenommen und versorgt. Während Witwen verachtet wurden, erfuhren sie unter Christen Wertschätzung. Während Frauen als minderwertig angesehen wurden, erlebten sie unter Christen Anerkennung. Die hohe Ethik und Moral der Christen machte eine Toleranz im Sinn einer Anpassung an die heidnischen Bräuche unmöglich. Sie provozierten durch ihre guten Werke und die Wertschätzung des Lebens, und das führte zu starkem Wachstum des Christentums, andererseits aber auch zu Verfolgungen.

Nicht Revolution, sondern Beharrlichkeit, Unbeugsamkeit und gute Werke waren die Merkmale der ersten Christen. Nicht alle Christen konnten dem Druck standhalten, manche gaben ihm nach. Auf diese Weise trennte sich die Spreu vom Weizen. Wenn in Zeiten der Konfrontation mit einer pluralen Gesellschaft eines geprüft wird, dann ist es Echtheit.

2. Familien unter Druck – was sie schwächt und was sie stark macht

Familie verändert sich

Weltweit ist die Familie das von Menschen bevorzugte Lebensmodell. Das Verständnis davon, wer zur Familie gehört und wie ihre inneren Strukturen sind, ist allerdings sehr verschieden. Die Rollenerwartungen von Mann und Frau, Kindererziehung, Erwerbstätigkeit oder das Miteinander der Generationen hat sich in verschiedenen Kulturen und selbst in Europa verschieden entwickelt und auch immer wieder verändert.

In der römischen *familia* (daher kommt der dt. Begriff Familie) besaß der Vater eine fast allmächtige Stellung. Die Frau war für den Haushalt zuständig und beaufsichtigte die freien und die anderen Sklaven. Zur Familie gehörten die Eltern, Sklaven, Kinder und Großeltern, die Kinder der Sklaven, freie Knechte. Wer es sich leisten konnte, ließ die Kinder von einer Amme großziehen und gab sie danach in die Obhut von Sklaven. Eine Eltern-Kind-Bindung, wie wir sie heute kennen, war den Römern fremd.

Als das Christentum geboren wurde, änderte sich das Familienverständnis. In den Mittelpunkt rückte nun die Ehe zwischen Mann und Frau und ihre Verantwortung für ihre Kinder und Eltern. In

1. Timotheus 5 beauftragt Paulus beispielsweise ausdrücklich die (Ehe-)Frauen, sich um die Versorgung ihrer verwitweten Mütter zu kümmern. Liebe und Respekt zwischen Mann und Frau wurden zu zentralen Werten des Ehelebens (Eph 5,21-32). Polygamie und Kinderehen verschwanden, die Bedeutung von Clan- und Sippenstrukturen traten in den Hintergrund.

Die Ehe wurde nun auf Lebenszeit geschlossen, die Erziehung der Kinder lag in der Hand beider Eheleute gemeinsam. Während Ehepartner in der römischen Gesellschaft häufig noch von den Vätern vermittelt wurden, bekamen Männer und Frauen im christlichen Westeuropa schon früh das Recht, sich den Ehepartner selbst aussuchen zu dürfen.

Mit der Reformation wandelte sich das Bild von Familie erneut. Mit dem Buchdruck schwand der Einfluss der älteren Familienmitglieder, die bisher ihre Weisheit mündlich weitergegeben hatten. Das in Folge der Reformation geänderte Züricher Ehegesetz von 1524 legte beispielsweise fest, dass Frauen mit 18 Jahren und Männer mit 20 Jahren auch ohne Einwilligung der Eltern heiraten durften.

Die Betonung der Kernfamilie setzte sich im 18. Jahrhundert fort, die Liebesehe und eine enge Mutter-Kind-Beziehung wurden zum Ideal erklärt. Mit der engen Verbindung von Liebe, Ehe und Sexualität verringerte sich der Einfluss der Eltern weiter, denn Liebe konnte man ja nicht befehlen. Die Wahl des Ehepartners wurde schließlich zur Privatsache erklärt. Schon mit der Reformation hatte das Prinzip der Nicht-Einmischung der Eltern und Großeltern begonnen, mit der beginnenden Industrialisierung setzte sich auch das getrennte Haushalten der Generationen durch. Lediglich in den bäuerlichen Strukturen lebte das „ganze Haus" noch länger fort, Großeltern zogen sich auf ihr „Altenteil" zurück, einen kleinen Anbau an den Haupthof.

Bis ins 20. Jahrhundert lässt sich beobachten: Je ärmer eine Region und je höher die Arbeitslosigkeit war, desto eher lebte man in Mehrgenerationenhäusern zusammen. Andersherum entstanden dort zunehmend Ein-Generationen- und Kleinsthaushalte, wo der Wohlstand wuchs.[22]

Während es früher überlebenswichtig war, lebenslang zusammenzubleiben, schaffen heute eine starke soziale Absicherung und unabhängige Erwerbstätigkeit jederzeit die Möglichkeit, sich auch unabhängig vom Ehepartner zu versorgen. Die Kernfamilie beschränkt sich deshalb auf emotionale Aspekte. Während die Arbeitswelt von kühler Sachlichkeit geprägt ist, können in der Familie Emotionen und Intimität ausgelebt werden, sie ist von der Pflicht sozialer Absicherung weitgehend entbunden.

In der zweiten Hälfte des 20. Jahrhunderts veränderten die Unabhängigkeit der Ehepartner voneinander und die Fürsorge des Staates das Koordinatensystem von Ehe und Familie zunehmend.

Zunächst verlängerte sich der Zeitpunkt für das erste Kind immer weiter nach hinten. 2015 lag das Durchschnittsalter von Müttern beim ersten Kind bei 31 Jahren.[23]

Auch der Anteil der unehelich geborenen Kinder nahm kontinuierlich zu, regional allerdings unterschiedlich stark. Während in skandinavischen Ländern der Anteil der unehelich geborenen Kinder auf über 50 % gestiegen ist, liegt er in Südeuropa mit 28 % deutlich niedriger. Das „goldene Zeitalter" der Ehe mit einem Anteil von max. 8 % unehelich Geborener in den 1960er-Jahren ist längst vorbei.[24]

Die Unabhängigkeit der Eheleute führte zudem zu erhöhten Scheidungsraten, vorehelicher Sexualität, nichtehelichem Zusammenleben und ganz anderen, zunehmend anerkannten, alternativen Lebensformen (z. B. Homosexualität). Ehe wurde so in der nachchristlichen Welt zur Wahloption. Sie war für ein gutes Leben nicht mehr notwendig, sondern hatte vor allem steuerrechtliche Vorteile, Vorzüge bei der Rente oder bei Adoptionen.[25]

Die gestiegene Frauen- und Müttererwerbstätigkeit erhöhte den Bedarf nach außerfamiliärer Betreuung der Kinder. Im Zuge dieser Entwicklung ist eine ganze Betreuungsindustrie entstanden. Aufgrund der Schwierigkeit, Kinder und Beruf zu vereinbaren, begannen Frauen zunehmend, sich gegen Kinder überhaupt zu entscheiden. Etwa 40 % der Frauen in Deutschland werden voraussichtlich niemals ein Kind bekommen. Obwohl sich das Männer- und Väterbild gewandelt hat und sie nun selbstverständlicher an der Haushaltsführung und Kinderbetreuung beteiligt sind, liegen beide Aufgaben hauptsächlich in der Hand von Frauen Die Bibel bestätigt in Tit 2,5 diese Schwerpunktsetzung. Aber es ist auch offenkundig, dass vielen Frauen dieser Multi-Rollen-Lebensstil zu anstrengend ist und sie sich zunehmend dafür entscheiden, erst Karriere zu machen und evtl. Kinder noch als „Bonbon" kurz vor der Empfängnisunfähigkeit mitzunehmen oder ganz auf Kinder zu verzichten.

Die neue Aufgabenteilung und Erwerbstätigkeit der Frau veränderte nicht nur die Beziehung der Ehepartner zueinander, sondern auch das Verhältnis zu den Kindern. Erziehung ist heute partnerschaftlich ausgerichtet, mit Kindern, denen eine hohe Eigenverantwortung und Selbständigkeit abverlangt wird. Weil weniger Geschwister im Haushalt vorhanden sind, konzentrieren sich Eltern zunehmend auf Einzelkinder, was den widersprüchlichen Effekt der „Helikoptereltern" zur Folge hat, also von Eltern, die jederzeit und überall die Kontrolle über ihren Nachwuchs behalten, während sie gleichzeitig deren Selbständigkeit fördern wollen.

Die hohen Scheidungsraten haben bei jungen Leuten weniger den Wunsch nach Familie verändert als die Fähigkeit, sie auch zu leben. Immer noch ist für 70 % der Jugendlichen die Familie ihre Wunsch-Lebensform,[26] sie sind aber immer weniger in der Lage, diese auch zu erhalten. Hier macht ihnen zu schaffen, dass ihnen Vorbilder fehlen, die ihnen Ehe und Familie funktionierend vorleben.

Parallel dazu führt eine hohe Zuwanderung, gerade von muslimisch geprägten Migranten mit starken vaterorientierten Familienvorstellungen, zu einem Konflikt mit der säkularen Gesellschaft. Dort hat der Vater bzw. der Mann eine hervorgehobene Stellung, Frauen sind nicht gleichberechtigt.

Auf die eheliche Scheidung folgt für viele Kinder die Fortsetzungsfamilie. In der Regel bleiben die Partner in diesen Fällen unverheiratet, sodass es dazu keine verlässlichen statistischen Daten gibt. Diese Familienkonstruktionen sind so vielfältig, dass sie den Namen „Patchworkfamilien" bekommen haben. Die Familienmitglieder sind so verschieden wie Flicken von verschiedenem Stoff, bestehend aus einem leiblichen Elternteil, Stiefeltern[27], Stiefgroßeltern, Stiefgeschwistern und leiblichen Geschwistern, mal aus der ersten, zweiten oder dritten Beziehung des Vaters oder der Mutter oder der Stiefmutter und des Stiefvaters usw. Kinder bauen kaum noch verlässliche Beziehungen auf, verwahrlosen im Dschungel der Beziehungsunfähigkeit der Erwachsenen. In der Schule sind das schnell als „krank" gestempelte ADHS-Kinder – ein Mode-Phänomen unserer Zeit –, die aufgrund des Bindungschaos zu Hause ihre innere Ruhe verloren haben. Zwar gibt es auch Kinder, die in stabilen Familien groß werden und aufgrund ihrer Anlage auf Medikamente angewiesen sind. Aber wir können in unserer Schule beobachten, dass sich viele Kinder mit ADHS-Diagnose in Klassen mit klaren und konsequenten Regeln, einer ruhigen Atmosphäre und Lehrern, die als Bezugspersonen eine Bindung aufbauen, weitgehend unauffällig verhalten – auch ohne Medikamente.

Der Verlust des Vaters

1998 veröffentlichte Matthias Mattusek sein Buch über „Die vaterlose Gesellschaft" und prangerte darin unter anderem an, dass Väter in Sorgerechtsprozessen systematisch benachteiligt würden und kaum eine Chance bekämen, ihren Vaterpflichten nachzukommen. Er kritisierte die Bevorzugung von Frauen bei Beförderungen in öffentlichen Ämtern und die widersprüchlichen Erwartungen an den Mann von heute.[28] In einem Spiegelartikel schrieb er: „Zunächst aber fällt auf, dass die ‚moderne Frau' zur Identitätsgewinnung auf den Mann einfach nicht mehr verzichten kann. Sie wünscht ihn sich herbei in einer Art überschwänglicher negativer Sehnsucht, und manchmal überdreht sich das Toben eben, weil im Medienlärm sowieso keiner mehr hinhört. (…) Eine unheilbare Fixierung: So, wie sich das verachtete ‚Weibchen' früherer Zeiten gern über die Erfolge des Mannes definierte, so definiert sich die feministische Frau ausschließlich durch Erfolge über oder gegen den Mann. Man könnte sagen: Sie denkt immer nur an das eine, an den einen. Ein Dauerthema für Party oder Trockenhaube, Magazin-Test oder Cappuccino-Runde. Wie soll er sein: hart oder weich? Die einen beklagen ihn als Triebtäter, die anderen als schlappe Nummer, für die einen hat er zu viel, für die anderen zu wenig Testosteron – nur, mit Männern hat das Gerede nichts zu tun, dafür aber alles mit Projektionen weiblicher Identitätskrisen."[29]

Im Nein zum Vater sieht Prof. Georg Huntemann (1929–2014) die Wurzel der veränderten gesellschaftlichen Moral.[30] Für den ehemals historisch-kritischen Theologen ist klar: Entweder ist die Bibel Gottes Wort, unfehlbar und damit verbindliche Richtlinie für das Zusammenleben von Mann und Frau, oder wir folgen dem Denken, dass es keine Wahrheit gibt, und sind offen für alle möglichen Ideologien, müssen aber auch die Folgen akzeptieren, die diese Beliebigkeit für das Leben bringt. Die Revolution richtet sich eigentlich gegen Gott als Vater, sie ist eine Rebellion gegen seine Autorität, des Gebieters der Gebote, von dem man sich lossagen will.

Huntemann schreibt: „Immer weniger wird erkannt, dass die Familie den Primat vor dem Staat hat. Bevor es zur Gesellschaft kam, gab es die Familie. Die Familie ist eine Schöpfungsordnung, der Staat ist nur eine Notordnung Gottes. Die Familie ist nicht für den Staat da, sondern der Staat für die Familie. Dabei sollte der Staat die Familie nicht in der Weise unterstützen, dass er ihr erzieherische Aufgaben in Kinderhorten, Kindergärten und Kindertagesstätten abnimmt, sondern so, dass er der Familie die Möglichkeit

> Die Familie ist eine Schöpfungsordnung, der Staat ist nur eine Notordnung Gottes. Die Familie ist nicht für den Staat da, sondern der Staat für die Familie.

gibt, ihre Kinder selbst zu erziehen. Denn einen Erziehungsauftrag nimmt der Staat ohnehin nur im Auftrag der Eltern wahr. Der Staat hat die Aufgabe, die Familie zu schützen und zu bewahren. Das bedeutet, dass er der Zerstörung einer Ehe nicht tatenlos zusehen kann. Seine Rechtsprechung muss so geordnet sein, dass die Auflösung einer Ehe nicht unter ein Zerrüttungsprinzip, sondern unter das Schuldprinzip fällt. Denn die Auflösung oder Zerstörung einer Ehe ist Zerstörung einer Lebensordnung Gottes und damit immer mit der Frage nach der Schuld verbunden."[31]

Die Ursache der Zerstörung von Familie liegt im Vaterhass begründet: Der ehrfurchtslose Mensch, der Gott den Vater im Himmel nicht ehrt, kann auch den Vater in der Familie nicht ehren. Dieser Mensch vergöttlicht das Kind und sieht wie die Ideologie des Jean-Jacques Rousseau in ihm den „guten Wilden", macht die antiautoritäre Erziehung zur Leitlinie und sich schließlich selbst zu Gott.

Der Vater ist auch in der staatlichen Erziehung kaum wahrnehmbar. Erziehung ist weiblich: 66 % der Lehrer an Schulen sind Frauen, an Grundschulen sind es 80 % und an Kitas sogar 90 %.[32] In vielen Kitas gibt es keinen einzigen männlichen Erzieher. Kinder wachsen also mit einer durch und durch weiblichen Brille auf. Selbst der Unterricht bevorzugt Mädchen, soziale Arbeitsformen kommen bevorzugt vor, während dagegen wenig Raum für Wettbewerb und Bewegung geboten wird. Schulbuchautoren haben hingegen das Problem erkannt und bieten zunehmend auch

Geschichten und Themen, die auch für Jungen interessant sind. Das Einseitige daran ist aber nicht, dass Frauen Kinder erziehen, das hat es immer schon gegeben, sondern dass parallel dazu die Männer als Vorbilder fehlen. Was Jungen zu sehen bekommen, sind Männerkarrikaturen, die als Machohelden aus Hollywood über die Leinwand ziehen, Frauen „flach legen" und damit Wasser auf den Mühlen des Männerhasses in Presse und Politik sind. Was sollen Jungen davon lernen? Stark, unabhängig und entschlossen sein wie die Marvel-Comic-Helden – das ist machohaft. Feinfühlig, rücksichtsvoll und gesprächig – das sind Weicheier. Paulus schreibt in 1Kor 16,13: „Seid mannhaft, seid stark!", aber was bedeutet heute noch „Mannsein"? Kein Wunder, dass Jungen sich in Medienwelten und das Internet flüchten: In Videogames und Adventure-Welten sind noch „echte" Männer gefragt, die in der Wirklichkeit aber nicht mehr gebraucht werden. Als Vorbilder taugen Action-Helden nicht. Die Beschäftigung mit Männern der Bibel lehrt sie hingegen Charaktereigenschaften, die wahre Männer auszeichnen, wie Mut, Beharrlichkeit, Fürsorge, Verantwortung, Beschützer sein, Treue, Hingabe, Stärke, Tapferkeit oder Entschlossenheit.

Ich selbst bin das Problem?
Familie ist keine Erfindung von Menschen, sondern Gottes genialer Plan, der durch den Sündenfall in Feindschaft umgeschlagen ist – zwischen

Mensch und Gott und zwischen den Geschlechtern. Gott selbst war es, der nach dem Sündenfall den Geschlechterkampf als Fluch auf die Menschen gelegt hat: „Dein Verlangen wird sein, deinen Mann zu besitzen, doch er wird herrschen über dich" (1Mo 3,16; NeÜ). Eine schlimme Sache:

> Familie ist keine Erfindung von Menschen, sondern Gottes genialer Plan.

Die Frau versucht, den Mann zu beherrschen, aber er wird sie beherrschen. Wie soll das gut gehen? Etwas später wird dieselbe Aussage noch einmal gemacht, hier aber im Blick auf die Sünde. Gott spricht zu Kain: „Ist es nicht so, wenn du recht tust, erhebt es sich? Wenn du aber nicht recht tust, lagert die Sünde vor der Tür. Und nach dir wird ihr Verlangen sein, du aber sollst über sie herrschen" (1Mo 4,7). Es wird hier deutlich, worin der Königsweg in der Überwindung des Geschlechterkampfes liegt: in der Bekämpfung der Sünde in uns! Wir tragen den Feind von Liebe und Frieden, Zuneigung und Hass in uns selbst, wir selbst sind mit der Sünde infiziert, die auch alle Beziehungen ansteckt, in denen wir leben. Es benötigt also ein Herz, das sich im Glauben an Jesus Christus zuerst dem Kreuz von Golgatha unterwirft und von ganzem Herzen täglich und mit voller Reue um Vergebung der EIGENEN Sünde bittet, die Gott in seiner Gnade auch gerne schenkt, bevor Verfehlungen beim Ehepartner gesehen werden.

Liebe ist eine Entscheidung, nicht zuerst Gefühl

Die Aschenputtel-Romantik von Hollywood vermittelt den Eindruck, als wären Hochgefühle alles, was in einer Beziehung zählt. Kein Wunder, dass viele Ehen geschieden werden, wenn der erste Rausch der Nüchternheit weicht und sich der Alltag einstellt. In einer glücklichen Ehe dürfen wunderbare Gefühle erlebt werden, sie gehören sicher dazu, aber als Fundament einer Beziehung tragen und taugen sie nicht.

Als Gott Hosea beauftragt, eine Hure namens Gomer zu heiraten und mit ihr Kinder zu zeugen, um dem Volk eine Lektion von menschlicher Untreue und Gottes Treue zu erteilen, muss er sicher Ablehnung und Ekel überwinden, um diesem Auftrag gehorsam zu sein. Dann nimmt das Schicksal seinen Lauf: Noch während sie mit den Kindern schwanger ist, hurt sie weiter mit anderen Männern herum (Hos 2,7).

Was tut Hosea? Er beklagt das falsche Verhalten von Gomer vor seinen Kindern (sie müssen wohl schon älter gewesen sein): „Rechtet mit eurer Mutter, rechtet – denn sie ist nicht meine Frau, und ich bin nicht ihr Mann –, damit sie ihre Hurerei von ihrem Gesicht entfernt und ihren Ehebruch zwischen ihren Brüsten" (Hos 2,4). Aber er denkt keinen Moment an Scheidung, er weiß doch darum, dass Gott Scheidung hasst (Mal 2,16). Stattdessen entschließt er sich, um ihre Liebe zu werben: „Darum: Siehe, ich werde sie locken und sie in die Wüste führen und ihr zu Herzen reden. Dann gebe ich ihr von dort aus ihre Weinberge und das Tal Achor als Tor der Hoffnung. Und dort wird sie willig sein wie in den Tagen ihrer Jugend und wie an dem Tag, als sie aus dem Land Ägypten heraufzog" (Hos 2,16.17). Wie liebevoll und tapfer das ist: Statt sie zu hassen, wirbt er um ihre Liebe und macht ihr Geschenke, um ihr Herz zurückzugewinnen. Sechsmal spricht er sein „Ich will" zu ihr (21-25). Doch dann passiert das Schreckliche: Gomer verlässt ihren Mann und heiratet einen anderen – gegen jedes Recht, das war selbst damals ungesetzlich. Spätestens jetzt wäre heute alles aus gewesen. „Sie hat sich entschieden, soll sie halt gehen", würden Männer heute sagen.

Doch Gott gibt Hosea in 3,1 ff. den Befehl, Gomer für 15 Silberstücke von dem fremden Mann zurückzukaufen. Gerade so, als würde sie ihm nicht schon gehören, zahlt er den Brautpreis erneut und nimmt sie wieder als Ehefrau an. Können wir uns vorstellen, was in der Seele von Hosea vorging, welchen Ekel, welche Abscheu, welche Enttäuschung und Verletzung er empfunden haben muss? Aber er tut gehorsam, was Gott verlangt, und nimmt sie wieder auf. Und er vergibt ihr von Herzen, weil Gott ein vergebender Gott ist. Wir lesen nichts darüber, wie Gomer dazu stand und wie sie es fand.

Was sagt uns das? Wir finden hier ein drastisches Beispiel dafür, wie weit Liebe geht. Sie baut nicht zuerst auf Gefühl, sondern auf Gottesfurcht. Die Annahme des anderen ist keine Folge von Gemeinsamkeiten und Romantik, sondern von Ehrfurcht gegenüber seinen Geboten und der einmal getroffenen Entscheidung, treu zu sein bis zum Tod, auch ohne Gegenleistung. Ein Volk, so sagt Hosea, das keine Erkenntnis Gottes hat, kann auch nicht treu sein.

> Es gibt keine andere Basis für echte Liebe als Gehorsam und Gottesfurcht.

Es gibt keine andere Basis für echte Liebe als Gehorsam und Gottesfurcht. Ausdruck dieser Ehrfurcht vor Gott ist die Bereitschaft zur Vergebung. Wir müssen unterscheiden zwischen Vergebung und Versöhnung. Die Vergebung ist einseitig, einer reicht die Hand; Versöhnung geschieht erst, wenn sich beide gegenseitig vergeben und die Hand reichen. Und Hosea? Er vergibt seiner Frau, auch ohne dass sie ihn darum bittet.

Du kannst Gott lieben –
liebe deine Ehefrau, liebe deinen Ehemann!

Die Sache ist eigentlich einfach. Jesus sagte seinen Jüngern: „Wer meine Gebote hat und sie hält, der ist es, der mich liebt" (Joh 14,21). Eines von Gottes wichtigsten Geboten ist, den Ehepartner zu lieben (Eph 5,33). Wie können wir also Jesus lieben? Indem wir unsere Ehemänner und Ehefrauen lieben! Wenn ich dem Herrn Jesus heute meine Liebe beweisen möchte, muss ich vor allem die Frau von Herzen lieben, die vor mir steht. Schon erweise ich dem Herrn herzliche Liebe. Jesus sagte einmal, dass alles, was wir einem Bruder oder einer Schwester getan oder verweigert haben, Jesus getan oder verweigert haben (Mt 25,37-45). Und in 1Jo 4,20 sagt Gott: „Wenn jemand sagt: Ich liebe

Gott, und hasst seinen Bruder (Ehemann/Ehefrau), ist er ein Lügner. Denn wer seinen Bruder (Ehemann/Ehefrau) nicht liebt, den er gesehen hat, kann nicht Gott lieben, den er nicht gesehen hat." Wir können also Gott ganz praktisch unsere Ehrfurcht und Liebe erweisen, indem wir unsere Ehepartner lieben, ihnen vergeben und um sie werben, wie es Hosea tat.

Väter, nehmt euch Zeit – und Mütter auch!

Die Verfügbarkeit der Eltern und Zeit für die eigenen Kinder ist ein Schlüssel für gelingende Erziehung. In vielen Familien ist die Berufstätigkeit von Vater und Mutter erforderlich, um das notwendige Geld zu verdienen. Aus unserer Beobachtung schwächt das alleine Kinder nicht, sie stellen sich darauf ein und kommen damit klar.

Aber es ist entscheidend, dass wenigstens ein Elternteil zu Hause verfügbar ist, auch bei älteren Kindern. Für die Entwicklung des Sicherheitsgefühls eines Kindes ist die Gewissheit „Papa oder Mama ist da" bedeutend. Wenn Eltern dauerhaft wenig oder nicht verfügbar sind, entwickeln Kinder ein Gefühl des „Verlassenseins", was wiederum Unsicherheit und ein schwächeres Selbstwertbewusstsein zur Folge haben kann.

Je jünger Kinder sind, desto mehr Zeit mit den Eltern brauchen sie; ältere Kinder benötigen weniger, dafür intensivere Zeit. Manche Eltern verbringen einmal im Jahr eine besondere Zeit mit dem Kind am „Papa-Tag" oder „Mama-Tag". Diese Zeit ersetzt nicht die übrige Zeit im Jahr mit ihnen, sondern ergänzt sie. So verbringe ich mit meinen (auch schon erwachsenen) Kindern wenigstens einen ganzen Tag im Jahr, der als „Papa-Tag" eine feste Gewohnheit geworden ist. Es sind immer intensive Zeiten, in denen wir gute Gespräch haben und einfach einen schönen Tag verbringen.

Rituale helfen dabei, die wenige verfügbare Zeit sinnvoll zu nutzen. Sei es das Gebet am Esstisch, wenigstens eine gemeinsame Mahlzeit am Tag, der sonntägliche Gottesdienstbesuch oder der jährliche Sommerurlaub.

Eltern sollten sich bemühen, jedes Kind darin zu unterstützen, ein Alleinstellungsmerkmal zu finden, das dieses Kind besser können soll als die Geschwister. Die Bandbreite reicht vom Volleyball über Klavierspielen bis zur Fotografie und verändert sich auch immer wieder. Kinder brauchen das Gefühl, etwas zu haben und zu können, das sie besser machen als die anderen Familienmitglieder. Nicht als Konkurrenz, sondern um das Ich im Wir zu finden. Daneben können sie sich Zeit nehmen, um gemeinsame Aktionen als Familie zu planen und zu unternehmen. Im Internet finden sich einige gute Webseiten mit Ausflugstipps für Familien.

Kraft und Zeit sind endlich und nur begrenzt verfügbar

Wir haben in einer der August-Hermann-Francke-Schulen in Detmold eine Untersuchung zum

Belastungsempfinden von Lehrern gemacht und dabei festgestellt, dass die gefährdetste Gruppe Mütter in Teilzeit sind. Sie zeigen ein weit überdurchschnittliches Risiko für Burnout. Nicht weil sie sich in der Schule nicht wohlfühlen oder nicht gerne arbeiten oder unzufrieden sind. Sondern weil sie die Mehrfachrolle aus Lehrerin, Mutter, Ehefrau, Bürgerin und Gemeindemitarbeiterin an ihre Belastungsgrenze bringt. Der hohe Anspruch, alle Rollen zur Zufriedenheit aller anderen voll auszufüllen und alles richtig zu machen, ist fast unerfüllbar. Kita, Schule, Gemeinde, Musikunterricht, Familien- und Verwandtschaftsverpflichtungen, Beruf und Ehe unter einen Hut zu bekommen ist eine hohe Kunst, die nicht jeder gut hinbekommt. Natürlich hängt das auch von der Persönlichkeit und dem eigenen Belastungsempfinden ab, die Untersuchung zeigte aber, dass dieses Muster auf 60 % der weiblichen Teilzeitkräfte zutrifft und damit bedeutsam ist.

Jeder Motor hat einen roten Drehzahlbereich, in dem Verschleiß droht und die Substanz angegriffen wird. Man kann diesen Bereich wohl kurzzeitig nutzen, längerfristig führt er aber zu einem Motorschaden. Väter und Mütter müssen darauf achten, dass ihnen das Leben in der Fülle der Aufgaben nicht entgleitet und sie dabei „verbrennen". Wenn trotz sorgfältiger Planung und Absprachen das Gefühl der Überforderung anhält, muss gekürzt werden, zuletzt bei Ehe und Familie. Man darf dabei nicht den Fehler machen, sich an denjenigen zu messen, die erst sehr viel später in den roten Drehzahlbereich kommen als andere Menschen. Gott hat uns verschieden geschaffen, und manche Persönlichkeitstypen können mehr leisten als andere. Und man muss auch die Zeit in der Familie nach dem ausrichten, was man selbst gesund schaffen kann, nicht nach dem, was andere bewältigen können, denn jede Familiensituation hat andere Herausforderungen.

> Gott hat uns verschieden geschaffen, und manche Persönlichkeitstypen können mehr leisten als andere.

Respekt erweisen fängt mit Gehorsam lernen an

Wenn die Bibel sagt, dass der Herr Jesus, obwohl er Gottes Sohn war, an dem, was er litt, den Gehorsam lernte (Hebr 5,8) und dass dieser Gehorsam radikal bis zum Tod war, dann wird deutlich, dass Gehorsam nicht zuerst etwas mit Sünde oder dem Menschsein zu tun hat. Der Herr Jesus war sündlos und dennoch seinem Vater gehorsam, das heißt, Gott ist sich selbst gehorsam. Der Gehorsam ist also keine Folge der Sünde, sondern vielmehr eine Wesenseigenschaft Gottes. Die Bibel berichtet vom Gehorsam des Sohnes gegenüber dem Vater, ohne dass Sünde eine Frage ist.

> Der Gehorsam ist also keine Folge der Sünde, sondern vielmehr eine Wesenseigenschaft Gottes.

Damit dieses Prinzip bei uns Menschen funktioniert, muss derjenige, der Gehorsam einfordert, selbst Gott völlig gehorsam sein. Und hier lernen wir von Jesus, dass Gehorsam keine Einstellung, sondern eine *anerzogene* Wesensart ist. Jesus lernte nämlich an dem, was er *litt,* den Gehorsam. Wir lernen: Gott bringt uns Gehorsam bei durch die Konflikte mit Menschen, Krankheit, Enttäuschungen, Tod und Verlust, durch schwierige Kinder und eigenes Versagen. Gottes Werkzeugkiste, um uns durch Leid zu prägen, ist grenzenlos. Damit wir daran wachsen und nicht zerbrechen, müssen wir die Absicht Gottes dahinter sehen: „Auf all deinen Wegen erkenne nur ihn, dann ebnet er selbst deine Pfade" (Spr 3,6). Wenn ich in allem, was mir passiert, Gottes Führung sehe, dann nehme ich auch Leiderfahrungen nicht als zufällig wahr. Nein, sie dienen dazu, meinen Gehorsam zu prägen. Ich soll lernen, meine ganze Erwartung auf Gott zu richten und an seinen Augen und Lippen zu hängen.

Wenn ich das verstanden und verinnerlicht habe und wie der Herr Jesus sagen kann: „Nicht mein Wille, sondern dein Wille geschehe" (siehe Lk 22,42), kann die Verwandlung in mir beginnen, die Veränderung zu einem Menschen, der sanftmütig und demütig ist. Menschen, die durch die Schule des Leides gegangen sind, führen in der Regel ein friedfertiges und gerechtes Leben (Hebr 12,11).

Ohne Gehorsam gegenüber Gott wird aus der Autorität von Menschen eine Diktatur. Wir Deutschen haben ja ein Problem mit dem Begriff „Gehorsam". Er kommt auch in keinem Lehrplan und keiner Schulverordnung mehr vor, man kann ihn in der pädagogischen Literatur als „ausgerottet" bezeichnen. Ein maßgeblicher Grund liegt in der Art und Weise, wie die Nationalsozialisten den Begriff missbrauchten. Mit der Perversion der Autoritäts*person* haben wir nun fälschlicherweise auch das Autoritäts*prinzip* über Bord geworfen. Das Prinzip des Gehorsams abzulehnen macht allerdings ebenfalls unglücklich. Es gilt also, darauf zu achten, *wem* gegenüber wir Gehorsam leisten, und nicht, *dass* wir es tun. Gehorsam zu lernen gehört zu einer gesunden Persönlichkeit dazu.

Wir müssen zunächst als Erwachsene Menschen werden, die bereit sind, sich durch Leid von Gott zum Gehorsam prägen zu lassen, dann werden wir auch unsere Autorität gegenüber Kindern nicht missbrauchen. Den Schutz vor Missbrauch des Gehorsams hat Gott selbst eingerichtet: „Man muss Gott mehr gehorchen als Menschen" (Apg 5,29).

Gott hat Eltern die Autorität gegenüber ihren Kindern in die Hände gelegt. Die in der Bibel vorgestellte natürliche Autorität der Eltern ist zeitlos gültig. Sie beruht in dem Auftrag zur Erziehung, den Eltern von Gott übertragen bekommen haben. Das Gebot „Ihr Kinder gehorcht euren Eltern" hat sich vom AT zum NT nicht verändert, es wird in beiden ausdrücklich erwähnt (Spr 6,20 Eph 6,1; Kol 3,20). Diktatur gewinnt ihre Macht durch Unterdrückung, die Autorität der Eltern ist dagegen von Gott verliehen, weil sie sie zum Wohl des Kindes einsetzen. Ihr Ziel ist, die richtigen Bedingungen

> Die in der Bibel vorgestellte natürliche Autorität der Eltern ist zeitlos gültig.

für ein gelingendes Aufwachsen und Erwachsen-
werden zu schaffen. Huntemann schreibt: „Es
sind also hörende, gehorsame Eltern, die ihrer-
seits Werte an hörende und gehorsame Kinder
weitergeben. Eltern leben Familie im Vertrauen
auf den, der die Familie gestiftet hat. Es ist ein
Vertrauen gegenüber Gott."[33]

Gemeinsam, nicht einsam

Kinder brauchen das gebietende Wort und die
richtungsweisende Autorität von Eltern. Früher
war diese Aufgabe klar dem Vater zugeordnet,
die Mutter war eher für Zärtlichkeit und Pflege
zuständig. Das hat sich gewandelt, Väter und
Mütter haben sich in ihrem Erziehungsstil ange-
glichen, das ist bei wechselnder Anwesenheit der
Eltern in der Familie, z. B. wegen gemeinsamer
Erwerbstätigkeit, auch sinnvoll. Nur wenn die
Mutter vor den Kindern die Autorität des Vaters
stärkt und er das genauso mit der Mutter tut, tre-
ten beide vor den Kindern als Einheit mit elter-
licher Autorität auf. Meine Frau und ich haben
schon beim ersten Kind vereinbart, uns niemals
vor den Kindern zu widersprechen. Das machte
es nötig, dass wir uns viel absprachen und gemeinsame Haltungen entwickelten.

Es ist notwendig, als Erzieherpaar den Kindern gegenüber in den allermeisten Fragen mit
einer einheitlichen Meinung aufzutreten und die
Regeln gemeinsam durchzusetzen. Es ist nicht
ratsam, Kinder im Alleingang zu erziehen.

Wann sich Machtkämpfe lohnen

Je kleiner Kinder sind, desto klarer müssen sie geführt werden. Mit zunehmendem Alter ist eine Einbeziehung nach und nach sinnvoll. Es gibt Themen, bei denen sich ein Machtkampf mit dem Kind lohnt, und es gibt welche, wo sie Kraftverschwendung sind. Wenn es um die Farbe des Haargummis geht, lohnt sich in den meisten Fällen die Kraft nicht, und Kinder können einbezogen werden. Die Entscheidung des Urlaubsortes ist aber Sache der Eltern, es sei denn, die Kinder sind schon so alt, dass sie das mit planen können.

> Es gibt Themen, bei denen sich ein Machtkampf mit dem Kind lohnt, und es gibt welche, wo sie Kraftverschwendung sind.

Eltern müssen die Entscheidung treffen, wohin sich das Kind entwickeln soll. Welche Art Mensch soll das Kind werden? Also entscheiden die Eltern, ob jeden Morgen Nutella auf dem Tisch steht oder gesundes Essen, ob ihr Kind mit den Kindern spielt, die es eben auf der Straße so trifft oder mit Freunden, deren Hintergrund den Eltern bekannt ist. Ob es im TV alles sieht, was gerade läuft, oder ob das Programm gezielt ausgewählt wird. Ob es seine Zeit nutzt, wie es möchte, oder ob feste Gemeindetermine wie Jungschar und Kinderstunde von den Eltern gesetzt werden, denen sich das Kind anpassen muss.

Wenn es um die grundsätzliche Entwicklung des Kindes geht, lohnen sich Machtkämpfe, wenn es um die Nebensachen geht, vermutlich eher nicht.

Diese Grundsatzentscheidungen sollten von Eltern gemeinsam getroffen werden und nicht im Zorn eines Streites miteinander oder mit dem Kind. Und wenn eine Entscheidung erst einmal getroffen ist, sollte sie auch konsequent umgesetzt werden. Man kann immer alles anders machen, aber das Kind soll lernen, dass das Wort der Eltern zählt und verlässlich ist.

Erziehung kostet Kraft

Eltern dürfen und sollen ihren Kindern gegenüber konsequent sein. Erziehung ist keine Verhandlungssache zwischen Eltern und Kindern, sondern soll von liebevoller Grenzsetzung und von Gehorsam geprägt sein. Bis Kinder in die Grundschule kommen, sollten sie gelernt haben, dem Wort ihrer Eltern zu gehorchen. Dafür müssen sich die Eltern viel absprechen und gemeinsame Haltungen zu den fast unzähligen Kleinigkeiten der Erziehung finden. Von einer gelingenden Paarbeziehung hängt ab, ob dieser Erziehungsprozess gelingt.

> Erziehung ist keine Verhandlungssache zwischen Eltern und Kindern, sondern soll von liebevoller Grenzsetzung und von Gehorsam geprägt sein.

Beziehungsstörungen

Michael Winterhoff, Kinder- und Jugendpsychiater aus Bonn, beschreibt drei verschiedene Beziehungsstörungen zwischen Eltern und ihren Kindern mit den daraus resultierenden Folgen. Diese

Folgen zeigen sich, so der Autor, nicht nur in der Familie, sie wirken sich auch auf die Gesellschaft aus, indem sie z. B. das Arbeitsverhalten der Jugendlichen und ihre späteren Paarbeziehungen verändern.[34]

Winterhoff beobachtete in seiner Praxis drei wesentliche Beziehungsstörungen: Erstens, wenn Kinder als Partner der Eltern gesehen werden. Kinder erleben Eltern dann nicht in einer Hierarchie, sondern auf Augenhöhe. Alles wird verhandelt, alles abgesprochen; Eltern bitten um Erlaubnis und das Kind um Einverständnis. Das Kind bekommt dieselben Rechte wie ein erwachsener Partner. Es wird viel erklärt, nichts entschieden, ohne es dem Kind gegenüber ausführlich begründet zu haben. Es wird aber auch in dieselbe Pflicht genommen; an seiner Schulter weinen sich Mütter aus und besprechen ihre Probleme. Das Kind beantwortet dieses Verhalten mit der Forderung nach unbegrenzter Erfüllung seiner Wünsche. Die Abhängigkeit der Eltern vom Kind macht es ihnen fast unmöglich, dem Kind noch irgendetwas zu verwehren. Die Erwachsenen geraten somit in eine Situation, in der sie die Rolle der Bedürftigen übernehmen, und es dauert nicht lange, bis Kinder verstanden haben, dass es Spaß machen kann, Tyrann zu sein. Dieses Beziehungsmodell ist nach Winterhoff heute der Regelfall[35].

Kinder wollen ernst genommen, aber auch geführt werden. Es ist nicht ausreichend, ihnen nur zuzuhören und ihre Wünsche zu erfüllen; sie verlangen nach Eltern, die sich auch einmal gegen sie durchsetzen und damit zeigen: Ich bin der/die Erwachsene, du folgst mir.

Die zweite Beziehungsstörung ist die der Projektion. Erwachsene sollten sich Respekt, Liebe und Anerkennung in der Erwachsenenwelt holen, stattdessen werden die Reaktionen des Kindes zur Messlatte gemacht, wie gut und liebenswert Eltern, Erzieher, Lehrer oder Mitarbeitern in Heimen sind. Es findet eine Umkehrung der Machtverhältnisse statt: Plötzlich dreht sich alles um die Bedürfnisses des Kindes, Hindernisse werden aus dem Weg geräumt, jede Last abgenommen, denn ein unglückliches Kind spricht von unfähigen und nicht liebenswerten Erziehern und Eltern. Das Drama besteht darin, dass Kinder nun nicht mehr geprägt werden und niemand Fehlentwicklungen entgegensteuert. Wenn sich ein Kind von anderen Kindern separiert und isoliert, wird es nicht mehr zurückgeführt und eingebunden, sondern analysiert und als depressiv diagnostiziert. Die Machtumkehr ist dann vollzogen, der Erzieher stellt sich unter das Kind; das Kind ist für die Bedürfnisbefriedigung zuständig. Das Kind bleibt damit auf einer niedrigen emotionalen Entwicklungsstufe stehen. Solchen Kindern wird beigebracht, sie seien die Besten, die Schönsten, die Begabtesten; sie lernen aber nicht mehr, mit Widerspruch fertig zu werden, Beziehung im Konflikt zu entwickeln, denn das wurde ihnen permanent vorenthalten. Nach Winterhoff ist dieses Muster seit Beginn des 21. Jahrhunderts verstärkt zu beobachten.

Kinder werden damit überfordert, Erwachsenen Liebe und Anerkennung zu schenken, was sie ja als Heranwachsende beides selbst zur Entwicklung brauchen.

Die dritte Form der Beziehungsstörung ist die der Symbiose. Kinder werden hier nicht mehr als eigenständige Wesen wahrgenommen, sondern eher als ein Körperteil, das ganz unreflektiert und selbstverständlich ist. Wir erkennen diese Eltern in der Schule an reflexartigen Aussagen wie: „Das kann mein Kind unmöglich gemacht haben, ich kenne es doch." Diese Eltern behandeln das Kind so, als wäre es ihr eigener Arm. Selbstverständlich tut der Arm, was der Kopf ihm sagt, er gehorcht dem Willen des Körpers. Kinder sind aber kein Körperteil. Sie verhalten sich selektiv, d. h. sie wissen ganz genau, wem gegenüber sie sich wie verhalten müssen, um maximalen Erfolg zu erzielen. Zu Hause kann das Anpassung sein, und das Kind würde nie ein anderes Kind schlagen; in der Schule erlebt es aber eine andere Umgebung und passt auch sein Verhalten an, und haut deshalb doch schon einmal zu. Symbiotische Eltern gehen auch bei schwerwiegendem Fehlverhalten davon aus, dass das Kind grundsätzlich nichts absichtlich oder „extra" macht. Kinder verhalten sich dann manipulativ und provozieren Erwachsene permanent durch Fehlerverhalten. Nicht weil sie Aufmerksamkeit wollen oder ihren Willen durchsetzen, sondern weil sie erleben wollen, dass Erwachsene ihnen folgen.

Abhängigkeit vor Eigenständigkeit

Einem Kind zu früh Eigenständigkeit zuzumuten ist so, als würde man einem Tennis-Anfänger im Training zuerst die Taktik und dann die Technik beibringen. Erst das mühsame Trainieren der Technik und Kondition macht ein Taktiktraining sinnvoll. Kinder müssen bei den Zu-Bett-geh-Zeiten nicht mitreden, auch nicht bei den Tischmanieren. Kinder benötigen in der Grundschule noch kein Smartphone, es reicht völlig, wenn sie es später bekommen, die Diskussion darüber sind aber immer kräftezehrend.

Es kostet viel Kraft, wenn Eltern ihren Kindern diesen Weg zur Entwicklung einer stabilen Persönlichkeit weisen. Es kostet Kraft, das Kind dahin zu prägen, sich selbst überwinden zu lernen und morgens pünktlich aufzustehen, trotz aller Müdigkeit sonntags zum Gottesdienst zu fahren, den Rasen zu mähen trotz Unlust, das Zimmer einmal in der Woche aufzuräumen trotz Termindruck, den Küchendienst und Hausaufgaben zu machen, obwohl das Kind keine Lust darauf hat. Abends darauf zu achten, dass die Kinder pünktlich zu Hause sind, und klare Grenzen für den Medienkonsum zu setzen ist für Eltern anstrengend, aber dieser Kraftaufwand lohnt sich. Er formt eine Persönlichkeit, die gelernt hat, Verantwortung zu übernehmen, Belastungen auszuhalten und Grenzen zu akzeptieren.

> Der Kraftaufwand der Eltern formt eine Persönlichkeit, die gelernt hat, Verantwortung zu übernehmen, Belastungen auszuhalten und Grenzen zu akzeptieren.

Die Eltern werden dadurch belohnt, dass sie Kraft und Nerven zu einer Zeit investieren, wenn die Kinder noch jünger sind. Später, wenn die Eltern älter werden und weniger Energie haben, können sie ihre Kinder dann „genießen".

Prof. Dollase (Psychologie) von der Uni Bielefeld sprach in einer Vorlesung mal von dem „Erhaltungssatz der pädagogischen Energie". Damit eine Persönlichkeit geprägt werden könne, müsse Energie aufgewendet werden. Wenn das die Eltern nicht täten, müsse es die Schule machen, und wenn die es nicht schaffe, müsse es die Justiz machen. Je später damit angefangen werde, desto höher sei der Energieaufwand.

> Mit der Erziehung formen Eltern lebensfähige und stabile Persönlichkeiten, alle nachgeordneten Stellen sind nur Reparaturbetriebe.

Der gute Mann hat mit Sicherheit recht. Erziehung erfordert Kraftaufwand, und jemand muss bereit sein, seine Energie, Zeit und Kraft in Kinder zu stecken. Wenn es die Eltern tun, formen sie damit lebensfähige und stabile Persönlichkeiten, alle nachgeordneten Stellen sind nur Reparaturbetriebe. Eine Grundorientierung können weder Schule noch Justiz geben, das ist Privileg und Pflicht der Eltern.

Es geht dabei nicht darum, willenlose Kinder zu bekommen, nein, sie sollen mündig und selbständig ihr Leben meistern, sich gegen Widerstände durchsetzen und Spannungen aushalten. Alles das sollen sie lernen. Wir sprechen hier aber über das, was dem vorausgehen muss, über das

Fundament, auf das das Lebenshaus eines selbst-
ständigen Kindes gebaut werden muss.

Das Leid von Kindern aushalten

Es tut Kindern gut, wenn Eltern ihren Sprösslingen
nicht bei jeder Unwohlseins-Äußerung zur Seite
springen und in die Rolle des Problemlösers verfallen. Probleme im Leben und in der Schule sind
in gewisser Weise normal. Streit ist normal, Sanktionen auf Fehlverhalten, z. B. bei nicht gemachten
Hausaufgaben, sind normal, Schimpfen für freches
Verhalten ist normal, Ungerechtigkeiten durch
Lehrer kommen (leider) auch vor. Besteht die Gefahr des Scheiterns, sodass Eltern ihren Kindern
unmittelbar zur Seite springen müssen? NEIN! Sie
halten das aus! Denn die kindliche Seele hält eine
Menge Belastungen und Spannungen aus, sie reift
daran. Sie kann Ungerechtigkeiten ertragen, ohne
daran zu zerbrechen. Kinder können Konflikte
durchaus lösen, wenn Eltern sie nur lassen und
sie sich auch selbst überlassen. Langeweile kann
quälend sein (vor allem für Eltern), aber sie wird
irgendwann produktiv, wenn Kinder ihrer Langeweile überlassen werden. Es ist nicht nötig, das
Kind mit dem Auto bis zur Schule zu fahren, wenn
es auch den Bus nehmen kann. Nervige, ältere Kinder und im Bus stehen müssen? Die Kinder halten
das aus! Im Winter auch längere Strecken zu Fuß
gehen? Die Kinder schaffen das!

Es sind die Eltern, die oft viel mehr leiden als
die Kinder. Sie selbst können es nur nicht ertragen,

ihr Kind leiden zu sehen. Dabei ist es genau das, was die Kinder stark macht: wenn sie Widerstandskraft entwickeln, Schmerz und Ungerechtigkeit aushalten lernen, sich mit Konflikten auseinandersetzen oder Geduld entwickeln müssen. Die Kinder schaffen das. Sie werden daran nicht zerbrechen und scheitern; ihre Seele wird davon keinen Schaden nehmen, auch wenn sie mal geärgert oder ausgegrenzt werden. Wir stellen in der Schule häufig fest, dass Konflikte unter Schülern zu heftigen Reaktionen der Eltern führen; je weniger Geschwister zu Hause sind, desto stärker. Wenn dann die Schüler nach ihrem Leidensempfinden gefragt werden, sind wir oft über die Reaktion der Erwachsenen erstaunt. Die Eltern beziehen sich oft nur auf die Erstreaktion des Kindes, auf sein Weinen, Wüten oder den Ärger direkt nach der Schule, am nächsten Tag sieht die Welt dagegen schon viel freundlicher aus, der Ärger ist bei den Kindern verraucht, nicht aber bei den Eltern.

> Eltern können es nicht ertragen, ihr Kind leiden zu sehen. Dabei ist es genau das, was die Kinder stark macht

Wir reden hier nicht von Formen der Misshandlung oder echtem Mobbing, sondern von den 95 % „Alltag", die nicht grenzüberschreitend sind. Kinder, die gelernt haben, Druck und Stress auszuhalten, werden auch später Belastungen besser wegstecken. Eigentlich haben Eltern, die ihren Kindern Gesprächsbereitschaft und Annahme zeigen und selbst liebevoll, regelorientiert und konsequent Familie leben, das Beste für gute

Stressprävention getan. Muten Sie den Kindern etwas zu!

Kinderseelen bleiben unterentwickelt, wenn sie zu früh und zu oft aus problembelasteten Situationen „befreit" wurden, bevor sie eigene Lösungsstrategien entwickeln konnten. Das führt bei manchen Kindern zu Hilflosigkeit und Unsicherheit bzw. zu Hypersensibilität und Rückzugsverhalten. Und bei anderen führt es zu einer unerträglichen Arroganz, weil sie gelernt haben, dass ihr Wille zählt – Papa und Mama werden ihn durchsetzen –, wenn sie zu Hause nur laut genug klagen.

Ein Kind sollte dennoch vorbehaltlos wissen, dass es mit jeder Not und jedem Anliegen zu seinen Eltern kommen kann. Es darf sich beklagen und schimpfen und seine Ängste und Nöte nennen, aber zuerst wird es darum gehen, wie das Kind die Situation ohne Hilfe lösen kann. Aber selbstverständlich gibt es auch Situationen, mit denen Kinder überfordert sind, weil sie eben Kinder sind, und in denen sie dann die ganze Solidarität und Unterstützung der Eltern benötigen.

Vor allem sollten Kinder wissen, dass sie den Eltern jedes „Verbrechen" ohne Angst „beichten" können. Sie sollten sich sicher sein können, dass Papa und Mama alles stehen und liegen lassen würden, wenn sie wirklich in Not geraten sollten, und immer ein offenes Ohr haben, egal, was ihnen widerfährt.

Kinder werden ermutigt, wenn Eltern davon berichten, wie sie als Kinder mit Ungerechtigkeiten umgegangen sind, was sie damals richtig, vielleicht auch falsch gemacht haben. Es ist durchaus ehrlich, wenn Eltern zugeben, nicht in allen Fragen die richtige Antwort zu kennen, sondern manchmal auch ausprobieren zu müssen und sich für das zu entscheiden, was funktioniert und hoffentlich gut ist.

Resilienz

Resilienz ist die Fähigkeit eines Menschen, mit Herausforderungen, Veränderungen, Störungen und unerwarteten Rückschlägen auf gesunde Art und Weise umzugehen. Die Resilienzforschung geht unter anderem auf den israelisch-amerikanischen Professor für Soziologie Aaron Antonovsky zurück, der sich mit der Frage beschäftigte, wie einige Holocaust-Überlebenden die Schrecken der Nazi-Zeit überstehen konnten, ohne daran zu zerbrechen. Er fand heraus, dass es Faktoren gibt, die Menschen belastbar und widerstandsfähig gegen Rückschläge und sogar traumatische Erfahrungen machen und dass man diese Faktoren erlernen kann.

Andere haben aus diesen Forschungen gelernt und Anwendungen für den Alltag gefunden. Paul Donders beschreibt in seinem Buch „Resilienz" [36] sieben Faktoren bei Erwachsenen, die ich hier einmal in die Welt der Kinder umgeschrieben habe. Es sind Haltungen, die belastbare Persönlichkeiten verinnerlicht haben. Die hinzugefügten Bibelverse weisen auf Stellen hin, in denen sich diese Gedanken wiederfinden.

1. In versöhnten Beziehungen leben und emotional stabil sein
   a) Sorgen Sie dafür, dass jeder Tag mit Vergebung endet und Beziehungen geklärt sind, bevor Ihr Kind ins Bett geht (Eph 4,26).
   b) Lassen Sie es zu, dass Ihre Kinder die ganze Palette an Emotionen fühlen und ausdrücken dürfen (Ps 103,1).
   c) Lehren Sie Ihre Kinder, auch schwierige Familienverhältnisse aus Gottes Hand anzunehmen, und stärken Sie sie in ihrem Vertrauen darauf, dass auch Probleme ein Teil von Gottes gutem Plan sind (Spr 3,6; Röm 8,28).
   d) Bringen Sie ihren Kindern bei, zu vergeben, statt sich und andere anzuklagen (Eph 4,32).
   e) Wenn Sie ein stilles Kind haben, ermutigen Sie es dazu, Tagebuch zu führen. So kann es seine Emotionen ohne direktes Gespräch kanalisieren. (Die Psalmen sind wie ein musikalisches Tagebuch, in dem Erlebnisse emotional gesund ausgedrückt werden.)

2. Ein realistischer Optimismus, den Kinder durch das Urvertrauen in die Eltern mitbringen
   a) Lassen Sie Ihre Kinder Gerechtigkeit und Liebe erleben (2Tim 2,22).
   b) Lehren Sie Ihre Kinder, in allen Dingen dankbar zu sein (Kol 3,15b).
   c) Schaffen Sie Freiräume, dass Kinder auf eine gesunde Art Spaß mit und in der Familie erleben können (Pred 8,15).

d) Planen Sie exklusive Elternzeit zur Beziehungspflege mit dem Kind ein (Vater-Kind, Mutter-Kind, z. B. Spr 22,17).

3. Hoffnung, die grundsätzlich davon ausgeht, dass Probleme gelöst werden können
   a) Üben sie mit Ihren Kindern, sich zu fokussieren und ein Problem mit Worten zu beschreiben (Ps 45,2).
   b) Diskutieren Sie zu Hause gute und schlechte Lösungsansätze und ermutigen Sie Ihre Kinder, Entscheidungen zu treffen und ausgewogene Urteile zu fällen, sich auch korrigieren zu lassen und Widerspruch zu ertragen (1Thes 5,21).
   c) Lehren Sie Ihre Kinder, zu improvisieren und auch ihrem Bauchgefühl zu vertrauen (Spr 22,3).

4. Kenntnisse der eigenen Fähigkeiten und die Motivation, sie auch einzusetzen
   a) Lehren Sie ihre Kinder, sich zu etwas zu motivieren, nicht weil es dafür Strafe oder Belohnung gibt, sondern weil die Richtigkeit der Sache es erfordert, z. B. Haushaltspflichten oder Hausaufgaben (Kol 3,23).
   b) Halten Sie Ausschau nach Momenten, in denen sich Ihre Kinder ihrer Stärken, Gaben und Aufgaben bewusst werden, und schaffen Sie Gelegenheiten, in denen sie diese auch einsetzen können (1Petr 4,10).

5. Disziplin, die dem Willen den Vortritt vor der Laune gibt
   a) Fordern Sie Ihre Kinder heraus, sich körperlich und geistig anzustrengen, und schonen Sie sie dabei nicht zu sehr (Spr 12,27).
   b) Sorgen Sie dafür, dass Ihre Kinder gut schlafen und ausgeruht in den Tag starten (Spr 3,24).
   c) Lehren Sie Ihre Kinder, gesundes von ungesundem Essen zu unterscheiden (1Mo 6,21).
   d) Haben Sie im Blick, dass Kinder Pausen brauchen, um zur Ruhe zu kommen. Muten Sie ihnen zu, sich auch einmal still, z. B. ohne Medien, zu beschäftigen (Ps 65,2).
   e) Halten Sie sich als Eltern damit zurück, jedes Leid des Kindes mindern zu wollen; Leiderfahrungen sind notwendige Reifeprüfungen (Hebr 12,11).

6. Ein gesundes Selbstbewusstsein
   a) Ermutigen Sie Ihre Kinder, auf die Tatsachen der Bibel zu vertrauen und sich nicht allein auf Gefühle zu stützen (1Tim 1,15).
   b) Reden Sie selbst begeistert vom Bibellesen, gehen Sie treu zu den Gemeindestunden und fordern Sie Ihre Kinder auf, es Ihnen durch den Besuch von Kinderstunde, Teeniekreis oder Gemeinde gleichzutun (Röm 1,10).
   c) Fördern Sie ein Alleinstellungsmerkmal für jedes Kind in der Familie, ein Hobby oder etwas, das nur ihm gehört und das niemand

sonst in der Familie kann (Instrument, Sport, Kunst, o. a.; 1Petr 4,10).

d) Fördern Sie eine Leidenschaft für etwas, das Ihr Kind sehr gerne macht und das ihm Freude bereitet (Haustiere, Musik, Freunde o. ä.).

6. Gesunde Beziehungen

a) Nehmen Sie sich die Zeit, Ihren Kindern Höflichkeit und Etikette beizubringen. Unterweisen Sie sie darin, Freundlichkeit auszudrücken, indem sie z. B. Zeit mit anderen verbringen, Komplimente und Geschenke machen oder andere unterstützen (Phil 4,5).

b) Zeigen und erwidern Sie Gefühle der Zuneigung (Umarmung, Küsschen, Blicke, Kuscheln).

c) Lehren Sie Ihre Kinder das NEIN- und STOPP-Sagen, um sich von Menschen abzugrenzen, die ihre Grenzen missachten.

d) Vertrauen Sie Ihrem Kind, soweit es für das Alter und seine Entwicklung möglich ist, und trauen Sie ihm zunehmend etwas zu (Joh 9, 23).

e) Kinder lernen adaptiv und durch Vorbilder. Eltern, die Kindern diese Haltungen selbst vorleben, machen sie stark und bereiten sie auf die Herausforderungen des Lebens ausreichend vor (Tit 2,7).

f) Unterstützen Sie Ihre Kinder darin, gute Freundschaften zu führen, und seien Sie bereit, dafür etwas zu investieren (z. B. Elterntaxi).

Nestwärme erzeugen

Wie können Eltern zu Hause eine Nestwärme erzeugen, in der sich Kinder aufgehoben und angenommen fühlen? Ganz wesentlich sind es die Eltern, die diesen Rahmen schaffen durch ihren Umgang miteinander, der für eine freundliche und fröhliche Grundstimmung sorgt. Viel von dem, wie der Vater mit der Mutter und die Mutter mit dem Vater umgeht, färbt auf das Klima der Familie ab. Und dann können Väter ihre Frauen auf eine besondere Weise lieben, wie es einmal auf einer Karte stand: „Das Beste, was Väter für ihre Kinder tun können, ist, ihre Mutter zu lieben."

> Das Beste, was Väter für ihre Kinder tun können, ist, ihre Mutter zu lieben.

Was können Eltern tun? Kinder wollen wahrgenommen werden, wenn sie z. B. von der Schule nach Hause kommen. Sie schätzen es, begrüßt zu werden, und möchten gefragt werden, was sie erlebt haben. Kinder reagieren auf Lob, wenn sie etwas gut gemacht haben, und brauchen es auch, zurechtgewiesen zu werden, wenn etwas unangebracht war. Bei älteren Kindern besteht die Kunst darin, für Ermahnungen den passenden Augenblick zu finden, z. B. bei Autofahrten. Der passende Augenblick und der richtige Tonfall sind bei ihnen fast wichtiger als das Gesagte.

Eltern schaffen Sicherheit durch Klarheit ihrer Emotionen: Ärger und Freude werden ausgedrückt, wenn es angemessen ist; der Ärger bleibt dabei beherrscht und die Freude aufrichtig. Ärger wird auch in der Mimik und im Tonfall geäußert, dabei kann auf Anschreien völlig verzichtet werden. Ermahnungen wirken auf Kinder zeitgleich auf drei Ebenen, und alle drei sollten beachtet werden, wenn Ermahnungen effektiv sein sollen: Sie enthalten *Emotionen* (Freude, Ärger, Verwunderung), eine *Botschaft* (was genau soll das Kind jetzt eigentlich tun?) und einen *Zeitaspekt* (wie dringlich ist das Verhalten zu ändern, wie schnell soll das Kind reagieren?). Wenn ein Kind kippelt und die Eltern ärgerlich sagen: „Das macht man nicht", ist der erste Aspekt berücksichtigt: Eine Emotion wurde ausgedrückt. Allerdings fehlen der zweite und dritte Aspekt: Es ist nicht klar, was das Kind denn nun tun soll, und es ist keine Dringlichkeit angezeigt. Passender wäre wohl zu sagen (mit angemessener Emotion): „Setz dich jetzt vernünftig auf deinen Stuhl und kippele nicht." Dann ist klar: 1. Mama/Papa ist ärgerlich/besorgt (die Emotion macht im Wesentlichen die Strenge aus), 2. ich soll mich anders hinsetzen und nicht kippeln und 3. ich soll es sofort machen. Kinder fühlen sich nun ernst genommen und verstanden, weil die Eltern klar ausgedrückt haben, was sie möchten.

| Effektive Ermahnungen enthalten Emotionen, eine Botschaft und einen Zeitaspekt. |

Kinder brauchen jeden Tag einen kleinen Beweis der Liebe. Gerade bei älteren Kindern muss das nicht immer ein „Ich hab dich lieb!" sein, es reicht eine Umarmung, eine Berührung, ein Moment Zeit zum Gespräch. Darüber erzeugen regelmäßige gemeinsame Mahlzeiten, und sei es auch nur eine am Tag, ein Gefühl von Nestwärme. Bei gemeinsamen Mahlzeiten sollte eine entspannte Atmosphäre herrschen, keine Problemgespräche geführt werden.

Mahlzeiten sind dazu geeignet, Familienandachten zu lesen und Kinder mit einem kurzen Gebet in die Schule zu entlassen. Es ist auch schön für Kinder, ihre Eltern im Dienst für Gott zu erleben, wenn das nicht dazu führt, dass Familienfremde dauerhaft mehr Zuwendung bekommen als die eigenen Kinder. Auch das gemeinsame Arbeiten, Kochen, Musizieren, Filmegucken, Spazierengehen und auch das sich-Entschuldigen-Können gehören zur Nestwärme dazu, denn auch Eltern machen Fehler und können sich irren.

Eine Grundordnung im Haushalt schafft Ordnung im Kopf. Es strukturiert Kinder, wenn alles seinen Platz hat: die Pflasterbox, der Schulbedarf, die Reservesachen, die Schuhe, Lebensmittel. Es erzeugt ein Gefühl von Fürsorge, dass Eltern an alles denken. Und alle stellen diese Grundordnung immer wieder her, z. B. mit den regelmäßigen Hausdiensten und auch mal außer der Reihe, wenn Besuch angekündigt ist. Dann räumt die ganze Familie mit auf, selbst wenn es nur Übernachtungsbesuch der Kinder ist. So können Kinder ihr Zuhause ohne Peinlichkeiten präsentieren.

> Immer wiederkehrende Rituale vermitteln Sicherheit und schaffen Identität.

Immer wiederkehrende Rituale vermitteln Sicherheit und schaffen Identität („wir machen das so", „bei uns ist das so"). Dazu gehört, dass Geburtstage gefeiert werden, ein gemütlicher Abend stattfindet, dass Eltern winken, wenn das Kind zur Schule geht, und morgens vor der Schule ein Gebet sprechen, oder das Samstagsfrühstück.

Termine werden in den Familienkalender geschrieben und geben dem Kind das Gefühl, dass an alles gedacht wird.

Bei den oft komplizierten Terminen der Kinder und Eltern kann Kommunikation über Zettel funktionieren, die man – wenn es alle betrifft – an die Küchentür hängt oder eben auch an die entsprechende Zimmertür. So können sich alle untereinander an Termine erinnern, oder es werden auch mal Infos der Eltern an alle weitergeben.

Nestwärme entsteht auch, wenn Kinder sagen/schreiben, wo sie gerade sind, und Eltern das auch tun, gerade wenn sie beide nicht zu Hause sind. Die Bescheid-sagen-Kultur schafft Verbindlichkeit und dient nicht primär der Kontrolle.

Es hilft, an zentraler Stelle eine Ausleihbox aufzustellen, in die alle Dinge kommen, die abgegeben werden müssen (Bücher, ausgeliehene Sachen, Taschen etc.). So sehen alle: Das muss noch zurückgegeben werden.

Die regelmäßigen Dienste (Küchendienste, Rasenmähen) schulen Verantwortung und geben Kindern das Gefühl, wichtig und Teil der Familie zu sein.

Nicht unterschätzen sollten Eltern, dass auch größere Kinder das Bedürfnis nach einem anwesenden Elternteil haben können. Gespräche entwickeln sich dann ganz beiläufig, weil ein Elternteil ansprechbar ist.

Berufstätigkeit beider Eltern

Zu Beginn der jungen Bundesrepublik Deutschland gab es einen breiten familienpolitischen Konsens. Die überwältigende Mehrheit war sich darin einig, dass die Familie und keine soziale Institution die Keimzelle der Gesellschaft ist und sie den absoluten Schutz vor Eingriffen von außen verdient. Die „heile" Familie damals bestand aus einem Ehepaar von Mann und Frau mit mehreren Kindern.

Damit die Familie ihre Unabhängigkeit bewahren konnte, wurde eine klare Arbeitsteilung zwischen den Ehepartnern angestrebt. Der Ehemann und Vater war der erwerbstätige Geldverdiener, in der Regel abhängig beschäftigt und nicht zu Hause, die Ehefrau und Mutter übernahm die Führung des Haushaltes und war zuständig für die Kindererziehung im Haus.

Die Wirtschaft stellte sich auf dieses Erwerbsmodell ein, und Arbeitsbedingungen wurden vor allem für Männer und Väter geschaffen, Frauen waren ja in der Regel nicht berufstätig.

In den *Kinderstudien 2010* und *2013*[37] wurden nach dem Vorbild der *Shell Jugendstudien* vom Kinderhilfswerk World Vision jeweils über 2500 sechs- bis elfjährige Kinder und ihre Eltern befragt. Zum ersten Mal in einer repräsentativen Untersuchung dokumentierten diese Studien, wie stark sich die Familienwelt in Deutschland verändert hatte. Zum ersten Mal nämlich stellte sich heraus, dass die Mehrheit der Kinder in Deutschland mit berufstätigen Müttern und Vätern oder auch nur einem Elternteil zusammenlebt. Familien aus dem Osten hatten dieses Modell nach der Wende in die BRD mitgebracht, wo die Situation aber sowieso bereits im Wandel begriffen war. Nur noch 32 % der Kinder leben nach der Studie aus dem Jahr 2013 in einer Ehepaarfamilie, in der der Vater erwerbstätig ist, die Mutter aber nicht. Während die Berufstätigkeit der Mütter lange Zeit als ein ernst zu nehmender Risikofaktor für die Entwicklung und Leistung der Kinder gewertet wurde, zeigten sich die Befragten der Studie dagegen mit ihren Lebensumständen zufrieden! Die Studie machte deutlich, dass sich die Kinder auf die Tatsache berufstätiger Eltern einstellen, viele kennen ja auch nichts anderes. Sie zeigen sich mit der zeitlich eingeschränkten Zuwendung ihrer Eltern unter der Bedingung zufrieden, dass diese zuverlässig und sicher ist. Am wichtigsten ist ihnen, Eltern zu haben, die sich in ihrer Rolle wohl fühlen und gleichzeitig auch außerhalb der Familie etwas zu sagen haben. Auch fürchten Kinder nichts mehr als Arbeitslosigkeit und die damit verbundene Armut.

> Kinder zeigen sich mit der zeitlich eingeschränkten Zuwendung ihrer Eltern unter der Bedingung zufrieden, dass diese zuverlässig und sicher ist.

Im Zusammenhang betrachtet verweisen nicht primär die Kinder, deren Eltern erwerbstätig sind, häufiger auf fehlende Zuwendungszeit. Vielmehr sind es mit einem Anteil von je etwa 30 % vorrangig die Kinder, deren Eltern arbeitslos sind oder die aus sonstigen Gründen keiner Erwerbstätigkeit nachgehen, sowie die Kinder von erwerbstätigen Alleinerziehenden, die fehlende elterliche Zuwendung beklagen.

Die Politik hat unter der Regierung von Kanzler Schröder und Kanzlerin Merkel nicht nur versucht, dieser Veränderung Rechnung zu tragen, sondern mit dem Rechtsanspruch auf einen Kindergartenplatz, dem Aufbau von Ganztagsschulen und dem Elterngeld dieses Modell einseitig gefördert, ohne auch die Ehepaarfamilie mit Alleinverdiener zu unterstützen. Die Maßnahmen waren sicher nicht die Ursache für diese Entwicklung, aber sie haben sie bewusst verstärkt. Dabei ist in vielen Familien die Berufstätigkeit beider Eltern gar nicht Wunsch-, sondern Zweckmodell, um das notwendige Einkommen zu erzielen. Sie würden sich wünschen, dass ein Elternteil zu Hausen bleiben könnte oder zumindest die Wahlfreiheit besteht. Die Debatte um das Elterngeld („Herdprämie") machte deutlich, dass es ohne den Aufstand von Familien dafür keine politische Mehrheit geben wird.

Die Politik sieht also keinen Grund mehr darin, die traditionelle Ehe weiter zu fördern, auch wenn es immer noch so ist, dass fast drei Viertel der Kinder in Ehen geboren werden. Es ist zu erwarten, dass das Ehegattensplitting, eine der letzten Unterstützungen des traditionellen Familienbildes, fallen wird. Ursprünglich verstand man unter diesem Instrument eine automatische Kinderförderung („Kinder kriegen die Menschen immer"), die „moderne" Familienpolitik will dieses Instrument aber umlenken und nur noch dort wirken lassen, wo Kinder sind, egal, wie die Eltern zusammenleben.

Es ist sehr merkwürdig: Obwohl im Bewusstsein der Bevölkerungsmehrheit die ideale und damit richtige Familie nach wie vor diejenige ist, die sich am klassischen Ideal von verheirateten Eltern mit Kindern orientiert, haben sich die realen Lebensmuster schrittweise immer weiter von diesem Denkmodell entfernt. Die *Sinusstudien* bestätigen das: 70 % der Jugendlichen sehen die Ehe mit Kindern als ideales Lebensmodell an, dennoch sinkt die Zahl derer, die es später schaffen, eine Ehe zu gründen und zu erhalten. Man kann sagen: Die Schere zwischen Wunsch und Wirklichkeit klafft immer weiter auseinander, als würde zunehmend etwas fehlen, das zur Erreichung notwendig ist.

Unabhängig davon, wie sich Eltern entscheiden, ob der Vater oder die Mutter Alleinverdiener ist, oder ob beide arbeiten – was sich 6- bis 11-Jährige für ihre Familie wünschen, scheint zeitlos aktuell zu sein:

» dass sich die Eltern lieben und harmonisch miteinander umgehen,
» dass die Eltern Zeit für sie haben und sich mit ihnen beschäftigen,
» dass die Familie nicht in finanzielle Not gerät.

Kinder sind den Studien zufolge bereit, sich ohne Klagen auf das einzustellen, was für die Erfüllung dieser Bedürfnisse nötig ist; sie sind anpassungsbereit und -fähig.

Die wenige gemeinsame Zeit soll also harmonisch verbracht werden, und Kinder wollen das Gefühl haben, dass die Eltern das Leben im Griff haben und sie zuverlässig versorgen können. Wenn Eltern nur noch genervt und gestresst sind und kaum Zeit für die Kinder haben, verliert die so wichtige Nestwärme an Temperatur.

Eltern sollten dafür vor allem an ihrer Ehe arbeiten. Eine stabile Elternbeziehung ist eine unersetzliche Voraussetzung für eine stabile Familie und das Sicherheitsgefühl der Kinder. Es wird in Zukunft eine der zentralen Aufgaben für die Gemeinden sein, Zeit und Kraft in den Erhalt und die Förderung guter Ehen zu investieren und Familien Hilfen zu geben, wie sie ihren Familienalltag geschickt organisieren können, um Kindern ein Gefühl der Geborgenheit zu vermitteln.

> Eltern sollten dafür vor allem an ihrer Ehe arbeiten. Eine stabile Elternbeziehung ist eine unersetzliche Voraussetzung für eine stabile Familie und das Sicherheitsgefühl der Kinder.

Fazit

Wie Familien zusammenleben und wer dazugehört, hat sich im Laufe der Geschichte immer wieder gewandelt. Auch die Berufstätigkeit der Eltern hat sich verändert. Das Schutzprivileg der

Ehe wird heute infrage gestellt und staatlich zunehmend weniger gefördert. Dennoch können sich Kinder diesen veränderten Situationen anpassen, aber die Erwachsenen müssen sie auch lassen und gleichzeitig den schützenden Rahmen schaffen. Ein gewisser Stress und Druck ist für die Reifung der Seele positiv; Kinder brauchen das, um daran zu wachsen. Wenn Eltern sich lieben und Zeit mit ihren Kindern verbringen, die Familie vor finanziellen Notlagen bewahren können und sie für die nötige Nestwärme zu Hause sorgen, haben sie schon das meiste für ein stabiles und belastbares Aufwachsen der Kinder getan. Ein festes Vertrauen der Eltern in die guten Wege Gottes lässt sie stets die Hoffnung behalten, dass es sich lohnt, mutig vorwärtszugehen.

Exkurs: Singles – glücklich allein?

Eine besondere Herausforderung ist Familie für all diejenigen, die sich eine Familie wünschen, aber bisher alleine geblieben sind – die Singles. Die Gründe können ganz verschieden sein. Neben denjenigen, die sich bewusst dafür entscheiden, Single zu bleiben, sind es doch die meisten, die sich einen Partner an ihrer Seite wünschen. Manchen macht es der Job, eine Erkrankung oder das zunehmende Alter nicht leicht „den Richtigen" oder „die Richtige" zu finden.

Etwa 41 % der Deutschen leben nach Angaben des Statistischen Bundesamtes in Einpersonenhaushalten, und etwa 60 % von ihnen geben wohl an, mit ihrem Status zufrieden zu sein. Die offiziellen Zahlen scheinen das Bild des „glücklichen Singles" zu zeichnen, aber schon der zweite Blick weckt Zweifel an dieser Darstellung. Denn die Statistik erfasst auch all jene „Singles", die zwar in einer Beziehung sind, aber trotzdem in einem Ein-Personen-Haushalt wohnen. Und es scheint auch so, dass sich viele mit der erfolglosen Partnersuche abgefunden haben und nun optimistisch bleiben wollen. Es bleibt schwammig, was die Statistik eigentlich erfasst. Denn es gibt sie, die Nicht-Liierten, die mit ihrem Singlesein hadern und sich einen Partner wünschen.

Für die allermeisten gläubigen Singles sind Partner und Familie ein Lebensziel. In christlichen Kreisen ist „Single-Sein" eher ungewöhnlich, Partnerschaft und Familie sind hohe Ideale, die bei Singles nicht selten einen gewissen Druck erzeugen, wenn sie „keinen abbekommen". Oft leiden Singles still darunter und wünschen sich die Anbindung an Familien.

Statt Warteposition – aktiv werden

Statt in der Warteschleife des Partner- und Kinderwunsches hängen zu bleiben, dürfen auch Singles aktiv ihr Leben in und mit Familien gestalten und so Gottes guten Plan von Familie unterstützen und fördern. „Es ist nicht gut, dass der Mensch allein sei" (1Mo 2,18) gilt eben auch für Singles. Es ist ein besonderes Geschenk, Freude zu teilen und sich am Glück der anderen mitzufreuen. Und zwar sowohl als Single am Glück von Familie (Partner, Kinder, Gemeinschaft) als auch die Familie am Glück von Singles (Unabhängigkeit, Freiheit in Entscheidungen, Flexibilität, mehr Zeit). Also: statt neidisch vergleichen lieber mitfreuen!

> Statt neidisch vergleichen lieber mitfreuen!

Wenn die Bibel sagt: „Einer trage des anderen Lasten" (Gal 6,2), dann sind auch die Singles angesprochen, die für Familien einen großen Gewinn darstellen können und umgekehrt. Gemeinde Jesu bedeutet das Privileg, Teil einer großen Familie Gottes mit vielen Brüdern und Schwestern zu sein, in die sowohl Singles (auch Witwen und Witwer) wie auch Familien mit und ohne Kinder hineingehören.

Beziehung muss wachsen

Manchmal scheinen Ehepartner schnell zu vergessen, wie es als Single war. Singles kommen sich – umgeben von Ehepaaren und Familien – schon mal verloren vor. Vertrauen und Beziehungen müssen dann wachsen, sowohl von Singles gegenüber den Familien als auch von Familien, die den Singles z. B. ihre Kinder anvertrauen. Wir dürfen den Mut haben, aufeinander zuzugehen, trotz oder gerade wegen der anderen Lebenssituation! Familien können Singles einladen, zum Spieleabend, zum Abendessen mit den Kids, am Wochenende oder zu Ausflügen, um sich besser kennenzulernen. Singles können Familien fragen, ob sie mal im Alltag mit dabei sein dürfen, vielleicht sogar zu Feiertagen oder bei Ausflügen, sogar im Urlaub. So mancher Single ist auf diese Weise ein „Kind" neuer Eltern geworden, die zugleich Freunde geworden sind. Stolz und Selbstmitleid müssen überwunden werden, damit sich neue Beziehungen für Singles öffnen.

Wie sich Singles und Familien gegenseitig unterstützen können

Singles können Beter sein, und die Kids einer Familie nach ihren Anliegen fragen: „Wofür kann ich konkret für dich beten?" Sie können Patenschaften bei der Geburt übernehmen und sich verpflichten, für das Kind Zeit zu haben und es zu begleiten, und regelmäßig bei den Eltern nach Anliegen fragen. Sie können sich bei Eltern der Gemeinde nach ihren Gebetsanliegen in Bezug auf ihre Familie und Kinder erkundigen.

Und sie können Zeit mit Kindern verbringen: das Baby mal für einen Stunde im Kinderwagen schieben, mit jüngeren Kids Eis essen, auf den Spielplatz oder mit den etwas Älteren ins Kino gehen, gemeinsam mit Freunden der Kids Ausflüge machen (Schlittschuhlaufen, Schwimmen gehen, zu sich einladen …) oder die Teens fragen, wie es ihnen in der Schule, bei der Berufswahl etc. geht, und Interesse an ihrem Leben zeigen.

Sie können Eltern ermutigen, indem sie ihnen durch Babysitten freie Abende schenken, und sie in ihrer Rolle als Vater und Mutter bestärken.

Und selbst finanziell können sie eine Hilfe sein: Sie können z. B. die Kosten für die nächste Klassenfahrt oder Gemeindefreizeit von ein oder zwei Kids übernehmen, oder sie ermöglichen einem Kind den Musikunterricht und überweisen einen monatlichen Betrag.

> Auch Singles können zu geistlichen Vätern und Müttern in Christus werden.

Tiefe Freundschaften entstehen nicht nur bei Menschen in gleichen oder ähnlichen Lebenssituationen. Vielleicht wird die Singlefrau oder der Singlemann in der Gemeinde der beste Freund, den ein Ehepaar je haben wird. Wenn Paulus in 1. Korinther

4,15 scheibt: „Denn wenn ihr zehntausend Zucht-meister in Christus hättet, so doch nicht viele Vä-ter; denn in Christus Jesus habe ich euch gezeugt durch das Evangelium", wird deutlich, dass auch Singles zu geistlichen Vätern und Müttern in Christus werden können. Wer bei ihnen zum Glauben findet, wird ihr geistliches Kind, dem sie die gleiche Fürsorge und Aufmerksamkeit schenken können, wie Eltern sie ihren Kindern geben. Sicher ersetzt diese Aufgabe keine Part-nerschaft oder eigene Kinder, aber sie bringt doch viel Glück und Freude ins Leben von Singles und ergänzt die Familien um geistlichen Nachwuchs.

3. Eine gesunde Identität als Mann und Frau leben

Gott schuf den Menschen als Mann und Frau (1Mo 1,27; Gal 3,28). Jeder Mensch ist einzigartig und wunderbar gemacht. Und jeder Mensch (mit Ausnahme von intersexuellen Menschen[38]) ist biologisch als Mann oder als Frau geschaffen, selbst wenn es manchmal Irritationen der eigenen sexuellen Identität gibt.

Gottes Wille war, dass diese Verschiedenartigkeit von Mann und Frau auch ausgedrückt wird, im Verhalten, in der Kleidung, in der Aufgabenverteilung, auch in der Führungsverantwortung in der Gemeinde. Männer und Frauen sollen verschieden sein und auch dazu stehen. Weiblichkeit und Männlichkeit sind nicht gleich, sondern verschieden, und

> Männer und Frauen sollen verschieden sein und auch dazu stehen.

das ist auch gut so. Das ist nicht altmodisch, sondern sinnvoll und belastbar.

Nicht Gleichheit, sondern Ergänzung

Frauen und Männer sind im Blick auf die Erlösung in Christus von gleichem Wert, da besteht kein Unterschied zwischen Mann und Frau (Gal 3,28).

Dennoch werden Beziehungen nicht dadurch erfüllend, dass Männer und Frauen gleich sind, sondern dass sie einander ergänzen. Unterschiedlichkeit ist nicht das Problem, sondern die Lösung. Auch im Neuen Testament betont Jesus die Verschiedenheit von Mann und Frau (Mt 19,4). Und Paulus macht klar, dass die Geschlechterunterschiede auch deutlich werden sollen (Leitung der Gemeinde in 1Tim 2 und 1Petr 5 oder in der Aufgabenteilung der Familie in 1Tim 5). Dass Gott Mann und Frau verschieden geschaffen hat, macht sie als Team unschlagbar; sie sind erst in Ergänzung perfekt. Nach Gottes Plan gewinnt die Ehe ihre Kraft in

> Beziehungen werden nicht dadurch erfüllend, dass Männer und Frauen gleich sind, sondern dass sie einander ergänzen.

1. der Einheit (1Mo 2,24),
2. der Ergänzung (1Tim 5 u. a.),
3. der gegenseitigen Liebe und Unterordnung (Eph 5,33).

Nehmen wir ein Beispiel aus einem Jungenzimmer: In verschiedenen Kästen liegen Duplo-, Lego-, Fischertechnik- und Legotechnik-Teile. Das ist schön bunt und vielfältig. Aber aus der Vielfalt kann nichts werden. Duplosteine passen nicht zur Legotechnik und Fischertechnik nicht zu Lego. Alle Steine zusammen sind schön bunt, passen aber nicht zusammen.

Jedes einzelne System ist von seinen Schöpfern so konstruiert worden, dass sich alle Teile ergänzen. Was die verschiedenen Steine eines Systems verbindet, ist die eine einheitliche, verbindende Systemidee.

Es geht um zwei gänzlich unterschiedliche Gleichheits- und Gerechtigkeitsmodelle. Um im Bild der Bausteine zu bleiben: Man stelle sich die Ehe wie einen Duplostein vor, der eine Oberseite mit Noppen und eine Unterseite mit Röhren hat. Der Sinn des Spiels mit Duplosteinen besteht ja darin, dass Ober- und Unterseite perfekt zueinander passen. Nur wenn alle Ober- und Unterseiten demselben Bauprinzip folgen, kann eine Konstruktion entstehen (gegenseitige Liebe und Unterordnung). Wenn aber die Ober- und die Unterseite vollkommen gleich, d. h. glatt, gestaltet wären, würde das Bauprinzip seinen Sinn verlieren. Natürlich könnten auch Duplosteine gestapelt werden, die eine glatte Ober- und Unterseite haben, aber viele Verbindungen und seitliche Konstruktionen wären dann nicht mehr möglich. Vor allem wäre das Ganze dann nicht mehr belastbar würde umfallen.

Das ist das Problem mit dem Gender-Gedanken: Das Miteinander der Geschlechter funktioniert nicht nach dem Prinzip der Gleichheit, sondern nur nach dem der Ergänzung. Und dabei spielt es keine Rolle, ob es um Sex oder Gender geht, also das biologische oder das anerzogene Geschlecht. Nur, wenn sich Mann und Frau in beidem ergänzen wollen und können und das Ziel verfolgen, eine Einheit und keine „Gleichheit" zu werden, kann daraus so etwas wie eine

Gesellschaft gebaut werden, die Belastungen standhält.

Sexualität ist ein höchstpersönlicher Ausdruck

Es braucht die starke Sicherheit einer geschützten Beziehung, damit Sexualität ehrlich gezeigt werden kann. Intimität setzt einen Erkenntnisprozess voraus. Die Bibel nennt das deshalb auch „erkennen", z. B. „erkannte" Kain seine Frau. Das hebräische Wort heißt „kennenlernen", es beinhaltet also einen geistigen Vorgang, es wird Intimität hergestellt und damit die Identität des anderen in einem Schutzraum entfaltet. Das alles geht weit über die Körperlichkeit hinaus.

Die Bibel spricht davon, dass Körper, Seele und Geist eine Einheit sind. Die letzten beiden kann man aber nicht sehen. Wenn der

> Körper, Seele und Geist sind eine Einheit.

Aufklärungsunterricht in der Schule nur den Geschlechtsakt an sich beschreibt, wird der wesentliche Teil erfüllter Sexualität ausgeblendet. Hier können Eltern ihren Kindern ein vollständiges Bild zeigen: Sexualität ist der Höhepunkt von Treue, Vertrauen und Wertschätzung, nicht der Anfang. Erst Eheschließung, dann Geschlechtsverkehr. In der Unsicherheit eines One-Night-Stands entstehen

> Sexualität ist der Höhepunkt von Treue, Vertrauen und Wertschätzung, nicht der Anfang.

Enttäuschungen, ungewollte Schwangerschaften, Missbrauch und sexuell übertragbare Krankheiten, nichts davon hat Gott sich für die Ehe gedacht.

Sexualität braucht keinen Sex

Auch Singles können eine gesunde Sexualität leben, denn sie sind als geschlechtliche Wesen geschaffen worden. Schon kleine Kinder empfinden ihre Sexualität und haben entsprechende Gefühle. Auch Singles dürfen sich als „sehr gut" sehen, selbst ohne Partner. Als Gott Adam schuf, war er „sehr gut", schon bevor Eva gemacht worden war. Singles müssen nicht mit ihrer Geschlechtlichkeit hadern, sondern haben ihre eigene Lerngeschichte, die ihre Erfüllung nicht in der Sexualität zu einem Partner findet. Viemehr können sie „ganz Mann" und „ganz Frau" sein mit allen Gefühlen und Eigenschaften, die Gott in sie hineingelegt hat. Gott hat den weiblichen und männlichen Körper perfekt geschaffen, auch ohne dass sie Mutter und er Vater wird. Sie müssen sich nicht vergleichen, sondern dürfen dankbar für das Wunder sein, das in ihnen geschaffen wurde. Gerade Frauen sollten lernen, sich nicht zu vergleichen. Schönheit ist nicht nur äußerlich, sondern Gott hat uns ein umfassenderes Empfinden für Schönheit gegeben. Wir können Farben, Formen, Musik, einen Charakter, Abläufe und vieles mehr als schön empfinden.

Freude durch Selbstannahme

Der biblische Glaube hilft uns, Bestätigung darin zu finden, dass wir perfekt geschaffen und kein Unfall sind, kein Zufallsprodukt, sondern gewollt. Die Freude eines vertrauten Umgangs mit

Gott und Menschen schafft das Bewusstsein einer starken Identität, sodass wir uns als Prinzen und Prinzessinnen, Söhne und Töchter des Königs des Himmels annehmen können.

> Der biblische Glaube hilft uns, Bestätigung darin zu finden, dass wir perfekt geschaffen und kein Unfall sind, kein Zufallsprodukt, sondern gewollt.

Sexualität ist eine Macht

Sexualität ist wie ein Feuer – in einem geschützten Kamin kann es für wohlige Wärme sorgen, in der Freiheit eines trockenen Waldes zerstört es hemmungslos die Landschaft. Es ist jeweils dasselbe Feuer, aber seine Folgen sind gänzlich verschieden. Ohne den schützenden Rahmen der Ehe ist Sexualität eine zerstörerische Kraft, die Armut, Verletzungen und Tod bringt. Sie zu „befreien" ist dasselbe, als würde man eine brennende Fackel in einen Haufen Stroh oder in einen Wald werfen – das Feuer wird Schaden anrichten, garantiert.

In die Ehe hat Gott eine Schöpfungsgabe hineingelegt, die seinen Eigenschaften sehr nahe kommt: die Fähigkeit, ewiges Leben zu zeugen. Denn sie ist dem Menschen schon vor dem Sündenfall geschenkt worden; sie ist Teil der guten und vollkommenen Schöpfung Gottes. Ein Kind, das aus der Vereinigung von Mann und Frau hervorgeht, ist deshalb ein lebendiges Wesen mit einem Anfang, aber keinem Ende. Jedem Kind wird von Gott eine ewige Existenz mitgegeben. Diese unvorstellbare Schöpfungskraft hat Gott in die Verbindung von Mann und Frau eingebaut.

Zwei ewig existente Wesen zeugen ewig existente Nachkommen.

Dass diesem Schöpfungsakt ein Beziehungsakt der Liebe vorausgeht, ist ebenfalls ein Geschenk Gottes. Die lustvolle Vereinigung sich Liebender ist Ausdruck der Freude Gottes über das werdende Leben, es ist ein Moment Himmel im Schöpfungsakt Gottes.

> In dem Maße, in dem der Mensch Gott als Schöpfer ablehnt und gegen seinen Zustand als geschaffenes Wesen rebelliert, führt seine Aversion gegen Gott zur Perversion der Moral.

In dem Maße, in dem der Mensch Gott als Schöpfer ablehnt und gegen seinen Zustand als geschaffenes Wesen rebelliert, führt seine Aversion gegen Gott zur Perversion der Moral. Paulus beschreibt diesen Missbrauch ausführlich in Röm 1,20 ff.: Die Lust wird zum Selbstzweck und nicht zum gemeinsamen Geschenk zweier sich liebender Menschen.

Mangalwadi schreibt dazu: „Der Westen konnte Monogamie nur so lange aufrechterhalten, wie er davon überzeugt war, dass die Liebe ein Geschenk der Gnade und eine Frucht des Heiligen Geistes war. Heute wird den Leuten beigebracht, so etwas wie *Geist* gebe es gar nicht und Liebe sei nichts als Chemie. Die Revolution der 68er trennte die Freude an der Sexualität von der bindenden Rolle, die sie beim Aufbau stabiler und sicherer Beziehungen spielt."[39]

Es sollte uns also nicht wundern, wenn die Perversion der Moral ein zentrales Ziel des Teufels war und ist. Er will verwirren, durcheinanderbringen, ablenken von Gott und seinen Zielen. Er will das Leben töten, den Menschen geistlich und biologisch unfruchtbar und unglücklich machen. Eine verdrehte Sexualität ist dazu sein perfektes Werkzeug.

Serielle Monogamie – die Liebesformel der Zukunft?

Wie weit das schon fortgeschritten ist, beschreibt der anerkannte Trendforscher Matthias Horx in seinem Buch „Wie wir leben werden: unsere Zukunft beginnt jetzt". Er stellt eine wissenschaftliche Studie vor, nach der bei Menschen, die im Laufe ihres Lebens 12,7 ernsthafte Partnerschaften durchlebt haben, die statistische Wahrscheinlichkeit angeblich am größten ist, ein langfristig glückliches Liebesleben zu führen. Eine geringere Zahl erhöhe die Gefahr, sich aus Mangel an Erfahrung für den Falschen zu entscheiden und sich lebenslang mit dem Gedanken zu quälen, es hätte einen Besseren/eine Bessere geben können. Zu viele Beziehungen würden hingegen zu promisken Verhaltensmustern führen, die sich dann nicht mehr abstellen ließen. Sozialwissenschaftliche Studien in Großstädten weisen darauf hin, dass wir uns in Deutschland der Marke von zwölf Partnern nähern und „serielle Monogamie" zur neuen Lebensform wird. Sie ist nach Horx zwar keine Garantie für Lebensglück, wird aber zur neuen soziokulturellen Mega-Regel werden.[40]

Wer sich einen solchen Lebensstil aneignet, für den sind Enthaltung, Treue und Keuschheit Reizworte. Und er ist auch vielleicht offener für alle anderen Formen von Sexualität; Hauptsache seine eigene Wahlfreiheit wird nicht eingeschränkt.

Aber macht das glücklich? Es bleibt zu bezweifeln, dass dieses Glück über den Moment hinausgeht. Was ist mit diesen Menschen, wenn sie Hilfe benötigen und kein soziales (Familien-)Netz sie auffängt? Wer pflegt diese seriell Monogamen, wenn sie alt geworden sind und plötzlich genau auf die Treuebeziehungen angewiesen sind, die sie ihr Leben lang verschmäht haben?

„Sexuelle Vielfalt" erobert die Schulen

Auch in den Schulen wird ein anderes Bild als das der Bibel vermittelt. Das Gender-Mainstreaming hat sich als Synonym für Gleichstellung und Abbau von Diskriminierung etabliert. Nach Artikel 3, Absatz 2 des Grundgesetzes ist der Staat dazu verpflichtet, dafür zu sorgen, dass Männer und Frauen gleichberechtigt sind. Und wenn man die normalen Leute fragt, was denn mit „Gender-Mainstreaming" gemeint sei, werden sie in der Regel antworten, es gehe um Gleichberechtigung von Mann und Frau. Nachdem auf der Weltfrauenkonferenz in Peking 1995 der Begriff in die Öffentlichkeit gelangte, ist nun nach über 22-jähriger Erfahrung klargeworden, dass es dabei um weit mehr geht als nur die Einrichtung von Gleichstellungsbeauftragten, die Angleichung der

Löhne von Männern und Frauen oder die Parität von Führungspositionen in DAX-Unternehmen. Aus der Philosophie des Gender-Mainstreamings ergibt sich die zwingende Logik, dass es sich um eine Kulturrevolution handelt, deren Ziele die Gleichstellung von „bunten" Beziehungsformen und der Ehe, eine neue Familien- und Kita-Politik und schließlich die Verpflichtung der Schulen und Universitäten zu einer „Sexualpädagogik der Vielfalt" sind.[41] Die Gesellschaft soll umgebaut und in ihrem Denken verändert werden; sie soll wegkommen von der „altmodischen" Vorstellung, Familie setze die Ehe zwischen Mann und Frau voraus.

Der 7. Familienbericht der Bundesregierung vom April 2006 kann als Zwischenbericht auf dem Weg der Transformation der Gesellschaft gesehen werden. Manfred Spieker schreibt dazu: „Er (der Familienbericht) geht wie die Gendertheorie davon aus, dass Geschlechterrollen gesellschaftliche Konstruktionen sind. Dementsprechend gilt auch die Familie als ‚eine soziale Konstruktion'. Er sieht in der Familie nicht mehr eine Beziehungseinheit verschiedener Geschlechter und Generationen, für die die natürliche Geschlechter- und Generationendifferenz eine wesentliche Voraussetzung ist, sondern eine Ansammlung von Individuen mit jeweils eigenen Rechten. Die Aufteilung der Arbeiten in Haushalt, Erziehung und Pflege gilt als ein permanenter Aushandlungsprozess. Die auf einer Ehe beruhende Familie aus Vater, Mutter und Kindern, deren Pflege und Erziehung, so

Art. 6 Abs. 2 GG, ‚das natürliche Recht der Eltern und die zuvörderst ihnen obliegende Pflicht' ist, ist als ‚bürgerliche' Familie ein ‚Anachronismus'. Der bis in die 60er-Jahre bestehende ‚strukturelle und normative Zwang zur Eheschließung' hat sich in den 70er-Jahren aufgelöst. In Zukunft wird die Mehrheit der Menschen, unabhängig davon, ob eine Heirat erfolgte oder nicht, im Laufe ihres Lebens multiple Beziehungen mit verschiedenen Lebenspartnern erfahren. Der Wechsel von einem Modell der lebenslangen Ehe zu einem Modell der ‚seriellen Monogamie' repräsentiert eine grundlegende Veränderung unserer Gesellschaft. Hauptmotiv für das Eingehen einer Ehe ist ‚die Maximierung des individuellen Glücks in einer auf Dauer angelegten, qualitativ hochwertigen Beziehung', die bei unbefriedigendem Verlauf aufgegeben werde, um ‚nach besseren Perspektiven zu suchen'. Deshalb muss Familienpolitik ‚lebenslaufbezogen' sein."[42]

Die Kitas und Krippen sollen dem Bericht zufolge weitgehende Elternaufgaben übernehmen. Es sei bekannt, „dass Kinder nicht die leibliche Mutter brauchen, (...) um verlässliche Beziehungen aufbauen zu können". Dazu würden „feste Bezugspersonen" reichen, die aber „um der Entwicklung emotionaler Autonomie willen möglichst zahlreich sein sollten".[43]

Der Widerspruch in sich – feste Bezugspersonen, die zahlreich sein sollten – ist nicht der einzige logische Fehler, den die Konstrukteure der neuen Familienordnung übersehen haben.

Schlachtfeld Kita und Schule

Das eigentliche Schlachtfeld um die Deutungshoheit der Geschlechter haben sich die Vertreter der „sexuellen Vielfalt" für die Kitas und Schulen aufgehoben. Der positiv besetzte Begriff „Vielfalt" wird zur Injektionsnadel, mit der Kindern durch Unterricht und Schulbücher das ideologische Gift der „Gender Diversity"[44] verabreicht werden soll. Uwe Sielert, einer der Vordenker des Gender-Mainstreamings, sagt dazu: „Es (Gender Diversity) will nicht nur die Gleichberechtigung von Homo- und Heterosexualität erreichen, sondern auch die potenzielle Vielfalt der Lebensweisen (...) zwischen den polaren Identitätsangeboten ermöglichen. Es propagiert darüber hinaus alle Formen der Familie und der Reproduktion, ‚Generativität' genannt, einschließlich künstlicher Befruchtung und Leihmutterschaft als gleichwertig."[45]

In ihrem Standardwerk „Sexualpädagogik der Vielfalt" haben die ideologischen Schüler von Uwe Sielert diesen sexualpädagogischen Ansatz für die Anwendung in Schule und Jugendarbeit heruntergebrochen. Spieker schreibt: „Sie wollen Kindern und Jugendlichen zwischen 8 und 16 Jahren Wege in jene ‚Erlebnisräume' weisen, in denen Lust, Zärtlichkeit und Erotik erfahren werden und gleichgeschlechtliches und heterosexuelles Begehren als gleichwertig gelten. Das Lernziel für 13-jährige Jugendliche der 7. Klasse lautet: ‚Heterosexualität als Norm infrage stellen.' Die vielfältigen Vorschläge für praktische Übungen

im Unterricht umfassen die Erörterung verschiedener Gegenstände wie Dildos, Anti-Baby-Pillen,
Vaginalkugeln, Potenzmittel und Kamasutra,
die von 14-jährigen Jugendlichen verschiedenen
Parteien eines Mietshauses zugeordnet werden
sollen und die Konstruktion eines ‚Puffs für alle‘,
bei der Jugendliche ab 15 Jahren von der Übungs-
leitung ermuntert werden sollen, ‚Sexualität sehr
vielseitig zu denken‘, um ein Angebot für die
verschiedenen sexuellen Vorlieben bereithalten
zu können und ein ‚Freudenhaus der sexuellen
Lebenslust‘ zu kreieren. Auch Körperübungen,
die für Beziehungen relevant sind, werden von
den Autoren vorgeschlagen. So sollen Jugendliche ab 16 Jahren in einer ‚Rückenwalzer‘ genannten ‚Intensivübung‘ paarweise aufmerksam
anschauen, dann Rücken an Rücken setzen und
bei Entspannungsmusik fünf Minuten ihre Körper gegenseitig erspüren, um sich danach über
ihre Empfindungen auszutauschen, und in einer
‚Gänsehaut‘ genannten Übung für Kinder ab zehn
Jahren sollen sich die Teilnehmer mit leichter Be-
kleidung in einem ‚von außen nicht einsehbaren
Raum‘ auf Decken legen und ebenfalls bei leiser
Entspannungsmusik an empfindlichen Körper-
stellen streicheln.“[46]

Schon in den Bilder- und Kinderbüchern der
ganz Kleinen wird die „Vielfalt“ als selbstver-
ständlich proklamiert.[47] Im 1994 erschienenen
Kinderbuch „Zusammengehören“ von Sylvia
Pah und Joke Schat (Kinder 4+)[48] verliebt sich die
Mutter neu – in eine Frau, Sophia. Mit Argwohn

beobachten die Kinder, wie die beiden sich umarmen und küssen, „so wie Mama und Papa das immer getan haben". Die Mutter erläutert den Kindern ihre Ängste, sie befürchtet, wegen ihrer gleichgeschlechtlichen Partnerschaft diskriminiert zu werden. „Zusammengehören" erzählt die Geschichte einer „ganz normalen" Familie, welche zerbricht, um sich in eine „neue" (Regenbogen-) Familie zu wandeln.

Im Buch „Papa nervt" von Meir Shalev und Jossi Abulaja (Kinder 5+)[49] ist die Mutter fast nie anwesend, da sie arbeiten geht, der Papa schmeißt den Haushalt. Dieses Buch möchte von unkonventionellen Vätern erzählen und passt genau in den Gender-Anspruch.

Das Kinderbuch „Alle Geschichten vom kleinen Bären" von Martin Waddell und Barbara Firth (Kinder 2+) berichtet von einer Bärin mit ihrem Jungen, die in respektvoller Zweisamkeit ihr Leben meistern und dabei vollständig auf „geschlechtertypische Klischees" verzichten. Kind und Mutter agieren als Partner auf Augenhöhe – vollkommen gleichberechtigt und alles miteinander aushandelnd.

Zielgruppe des Bilderbuchs „Das kleine Blau und das kleine Gelb" von Leo Lionni (Kinder 2+)[50] stellt die handelnden Personen abstrakt als farbige Klekse dar, die dem Kind die Möglichkeit einräumen sollen, selbst das Geschlecht der Figuren zu bestimmen. Der Betrachter bestimmt somit intuitiv die Rolle des Geschlechts. Erwachsene sind zunächst irritiert, Kinder stören sich nicht daran. Auf diese Weise will das Buch angebliche Vorurteile abbauen oder ihren Aufbau verhindern.

In den öffentlichen Bibliotheken sind die neuen Gender-Bücher offenbar kein Renner. „Nur die großen Bibliotheken können sie sich leisten", erfahren wir von Mitarbeitern der Stadtbibliothek in Detmold; sie würden kaum ausgeliehen und sich von daher für die kleinen nicht lohnen.

Nebelkerze Gender-Mainstreaming

Die Landesregierung von NRW hat es sich im April 2015 in einem „Aktionsplan für Gleichstellung und Akzeptanz sexueller und geschlechtlicher Vielfalt – gegen Homo- und Transphobie" zur Aufgabe gemacht, „Homo- und Transphobie zu ächten". Schule sei dabei der Ort, „an dem zentrale Prägungen der Persönlichkeitsentwicklung von Kindern und Jugendlichen stattfinden. Da Schule und Bildung Angelegenheiten der Länder sind, hat das Land NRW besonders gute Möglichkeiten der Einflussnahme. Das betrifft die gesamte Schulöffentlichkeit, d. h. Eltern, Lehrkräfte und Schülerinnen und Schüler selbst."[51]

Über das Projekt „Schule ohne Homophobie – Schule der Vielfalt" soll, finanziert durch das landesgeförderte Aufklärungsprojekt SCHLAU[52] NRW, der Gedanke der Gleichheit aller Lebensformen in alle Schulen getragen werden. In die neuen Kernlehrpläne für Hauptschulen, Realschulen und Gesamtschulen wurde eine diesbezügliche

Kompetenzerwartung bereits aufgenommen bzw. sie ist vorgesehen.

Im November 2015 legte dieselbe Landesregierung dann ein Konzept zur Anwendung des Gender-Mainstreamings an Schulen[53] vor. Darin geht es „nicht um messbare Ergebnisgleichheit in dem Sinn, dass Mädchen und Frauen dasselbe tun und erreichen sollten wie Jungen und Männer. Vielmehr ist das Ziel von Gleichstellungs- oder Geschlechterpolitik – insbesondere in der Bildung –, Chancengleichheit zu ermöglichen. Es geht darum, die Einzigartigkeit, die Individualität aller Mädchen und aller Jungen, aller Frauen und aller Männer in ihrer Verschiedenheit gleich wertzuschätzen und zu fördern und damit die (Selbst)Beschränkung auf tradierte Rollenerwartungen aufzubrechen."[54] Kein Wort in diesem Konzept von Homo- oder Transsexualität, wie im Aktionsplan ein halbes Jahr zuvor festgelegt. Gender-Mainstreaming wird hier – für Eltern und Lehrer – „nur" als Gleichberechtigung der Geschlechter vorgestellt. Offenbar sollen besorgte Eltern bewusst im Unklaren gelassen werden, worauf die Gender-Ideologie eigentlich hinaus will.

> Offenbar sollen besorgte Eltern bewusst im Unklaren gelassen werden, worauf die Gender-Ideologie eigentlich hinaus will.

Lehrer dürften im Blick auf Gender-Mainstreaming bis heute überwiegend die allgemein akzeptierte Vorstellung im Kopf haben, die unterschiedlichen Lebenssituationen und Interessen von Frauen und Männern müssten bei allen

Entscheidungen auf allen gesellschaftlichen Ebenen berücksichtigt werden. Es geht ihnen um Gleichbehandlung und geschlechtsspezifische Rücksichtnahme und nicht mehr.[55] Jungen und Mädchen sollen in der Schule einfach gleiche Chancen eingeräumt bekommen. Wenn Schulen in NRW einen Antrag auf Fördergelder aus öffentlichen Mitteln stellen, z. B. von der Agentur für Arbeit, gehört zum Katalog der zu unterschreibenden, obligatorischen Ziele, dass sie Schüler im Sinne des Gender-Mainstreamings fördern. Was genau damit gemeint ist, bleibt allerdings offen.

Die darüber hinausgehende Absicht der Gender-Theorie, die Auflösung der Geschlechterpolarität, dürfte den meisten Pädagogen weder bewusst sein, noch würden sie sie unterstützen. Dieser stark ideologische Aspekt wird eher indirekt über Schulbücher, die öffentlich erzeugte Meinung oder über die SCHLAU-Aktivistengruppen in die Schulen getragen.

Neben NRW haben auch Rheinland-Pfalz, Hessen, Niedersachen, Sachsen-Anhalt, Schleswig-Holstein und Berlin Aktionspläne beschlossen. In Baden-Württemberg wurde ein Entwurf nach heftigen Protesten zunächst abgemildert. Die Aktionspläne mit oft mehreren hundert Teilbereichen sollen die gesamte Zivilgesellschaft durchziehen, Polizei, Justiz, Hochschulen, Rundfunkräte und auch die Kirchen. Wer sich weigert, soll umerzogen und sanktioniert werden. Der Aktionsplan Baden-Württembergs umfasst u. a. diese Punkte: Einführung der „dritten" Elternschaft,

Anpassung von Büchern und Spielen in Kitas, Verankerung der Themen LSBTTIQ[56] bzw. sexuelle und geschlechtliche Identität im Bildungsplan, Durchführung von Aufklärungsprojekten in Schulen, Überarbeitung der Lehrmaterialien und Unterrichtsbeispiele, LSBTTIQ als Projektarbeit im Schulalltag, Pflichtfortbildung von Lehrkräften, Anzeigen von Homo- und Transphobie in der Schule, Zuschüsse für Hochschulen, die ein „veraltetes Menschenbild" lehren, werden gekürzt oder gestrichen, Sanktionen für transphobe und homophobe Medieninhalte (Wort, Bild), eine aktive Medienbeobachtung, LSBTTIQ-Aufklärungsprojekte in Jugendgruppen, Unterstützung von Partys und Veranstaltungen der Community auch an konservativen Plätzen, Anerkennung von Szenelokalitäten. In den Verwaltungen: LSBTTIQ-sensible Sprache in allen Veröffentlichungen, Diversity-Beauftragte für das Thema LSBTTIQ in Kommunen, LSBTTIQ-Quote für Gremien. Im Blick auf Religionsgemeinschaften: keine Unterstützung von bzw. keine Vergabe von Aufträgen an Institutionen, die diskriminieren (z. B. Kirchen), Kirchenrecht dem Allgemeinen Gleichbehandlungsgesetz (AGG) unterordnen, Ermöglichung von kirchlichen Segnungen gleichgeschlechtlicher Paare, Queer-Gottesdienste, Abschaffung des Tendenzschutzes von Kirchen diskutieren.[57]

Die Gender-Ideologie präsentiert sich also als Wolf im Schafspelz oder wie ein Trojanisches Pferd. Vordergründig geht es um das Grundrecht auf Gleichberechtigung von Männern und Frauen, dafür besteht auch die Deckung durch den Artikel 3 des Grundgesetzes. Und dieses Bild wird Eltern und Lehrern öffentlich präsentiert. In Wirklichkeit zielen die Pläne der Landesregierungen aber auf die Abschaffung jener „Geschlechterstereotype", wie sie für die Beschreibung der klassischen Familie verwendet werden, und das heißt nichts anderes als das Hinterfragen der klassischen Familie selbst. Hinter Begriffen wie „veraltetes Geschlechterverständnis" und „überholtes Ehebild" versteckt sich nichts weniger als der Versuch, die Ehe zwischen Mann und Frau zu verleumden. Damit wird versucht, verbal diejenigen aus der Gesellschaft zu drängen, zu sanktionieren oder zumindest mundtot zu machen, die sich bewusst für dieses Lebensmodell entschieden haben. So wirkt Ideologie: Sie kann der Mehrheit den Willen einer kleinen Minderheit überstülpen, weil diese sie über die wahren Motive im Ungewissen lässt, widersprechende Ansichten unterdrückt und öffentliche, sachbezogene Diskussionen vermeidet.

Man muss die Aktionspläne der Gender-Bewegung als Feldzug der LSBTTIQ gegen eine biblische Familien- und Ehe-Ethik verstehen. Manfred Spieker wirft einen Blick auf die Zukunft der Verweigerer, der uns (noch) undenkbar scheint,

> In Wirklichkeit zielen die Pläne der Landesregierungen aber auf die Abschaffung jener „Geschlechterstereotype", wie sie für die Beschreibung der klassischen Familie verwendet werden.

aber vielleicht doch nicht mehr so weit weg ist: „Die Gender-Lobby will nicht nur Toleranz, sie besteht auf Akzeptanz. Sie verlangt, ihre Vorstellungen von Geschlecht und Sexualität gutzuheißen. Akzeptanz zu verweigern heißt für sie diskriminieren. Die Gender-Lobby benimmt sich wie Heinrich VIII., dem es im 16. Jahrhundert nicht genügte, dass sein Kanzler Thomas Morus zu seiner Scheidung und Wiederverheiratung schwieg. Er bestand darauf, dass Thomas Morus seine neue Ehe gutzuheißen habe. Weil Thomas Morus, wie auch der Bischof von Rochester John Fisher als einziger der englischen Bischöfe, dies ablehnte, wurden beide hingerichtet."[58]

Gender-Mainstreaming ist im Alltag angekommen

Es ist naiv anzunehmen, dass die Versuche zur Dekonstruktion der Gesellschaft harmlos und lediglich Aktivitäten von Minderheiten seien. Es gibt auch im christlichen Lager Leiter, die zur Gelassenheit und Ruhe aufrufen und den Eindruck erwecken, *das* ginge schon irgendwann wieder vorbei.

Tatsache ist aber, dass die Aktionspläne der Landesregierungen beschlossen sind und auch zu wirken beginnen. Ein Werkzeug sind die „SCHLAU"-Gruppen, wie sie schon in NRW, Niedersachen, Rheinland-Pfalz und Hessen aktiv sind. Sie haben den staatlichen Auftrag, als „Experten" in Workshops und im Aufklärungsunterricht mit Schulklassen, Jugendlichen und Lehrern gezielt über lesbische, schwule, bi, trans*, asexuelle und queere Menschen zu informieren und über ihr Coming-Out, die eigene Biografie sowie persönliche Diskriminierungserfahrungen die Meinung der Kinder zu beeinflussen.[59]

„Die Kinder werden sexualisiert, Acht- bis Zwölfjährige mit fotorealistischen Darstellungen von erigierten Geschlechtsteilen und diversen Sexualpraktiken konfrontiert, was verstörend und schamverletzend auf die Kinder wirkt", berichtete die Vorsitzende des Elternvereins NRW, Regine Schwarzhoff.[60]

Der Elternverein und mit ihm andere Familienschutz-Organisationen fürchten, dass die Grenze von der unumstrittenen Toleranz gegenüber anderen sexuellen Veranlagungen hin zu einer Indoktrination der Kinder überschritten wird. So werde z. B. in einigen Lehrmaterialien der Eindruck erweckt, als sei eine Regenbogenfamilie, in der Kinder bei gleichgeschlechtlichen Paaren leben, die Regel. Kinder könnten Kondomführerscheine machen, sich mit dem Betrieb eines Bordells befassen und Abtreibung als ein Mittel zur Familienplanung kennenlernen. „Diese Indoktrination der Kinder unter dem Deckmantel der sexuellen Vielfalt hat in der Schule nichts zu suchen", klagt Regine Schwarzhoff.

> Die Grenze von der unumstrittenen Toleranz gegenüber anderen sexuellen Veranlagungen hin zu einer Indoktrination der Kinder wird überschritten.

„Dass nur die heterosexuelle Begegnung ein Kind entstehen lässt, dass nur so eigenes Leben weitergegeben werden kann, kommt im Konzept der sexuellen Vielfalt nahezu unter die Räder." Nach der Aussage Schwarzhoffs reagieren Eltern auf diese Unterrichtsinhalte, die ihren eigenen Erziehungszielen widersprechen, mit einem Antrag auf Befreiung ihrer Kinder von diesen Schulstunden, die häufig von externen Anbietern gestaltet werden.

Die Landesregierungen fördern derartige Aufklärungskonzepte, z. B. in NRW im „Aktionsplan für Gleichstellung und Akzeptanz sexueller und geschlechtlicher Vielfalt gegen Homo- und Transphobie".[61] 2012 beschlossen die Landesverbände von SCHLAU Qualitätsstandards, in denen Vorgehen und Inhalte ihrer Besuche in Schulen abgestimmt wurden. Darin findet sich – offenbar als Folge von Protesten von Eltern – unter 2.7 diese Entschärfung: „Inhalte, die in den Bereich der Sexualaufklärung fallen, sind nicht explizit Teil des Workshops. Werden dennoch Fragen dazu gestellt, werden diese sachlich, altersangemessen, zielgruppenadäquat und im Rahmen gesetzlicher Vorgaben beantwortet. Außerdem wird auf andere professionelle Organisationen, wie z. B. pro familia, verwiesen."[62]

Das Wort „Eltern" kommt in den Qualitätsstandards übrigens mit keiner Silbe vor, sie sind offenbar unerwünscht und werden bewusst nicht informiert, weder über die Lehrer noch über Mitglieder der Aktionsgruppe. Zwar formuliert man Qualitätsstandards und suggeriert damit Seriosität, aber indem die Eltern außen vor gelassen werden, wird der Verdacht unseriöser Absichten nur erhärtet. Denn man verweigert ihnen die Möglichkeit der Mitsprache.[63]

Elternrechte werden untergraben

Damit die Frühsexualisierung von Kindergarten- und Grundschulkindern gelingen kann, muss das verfassungsgemäße Recht der Eltern auf (Sexual-) Erziehung untergraben werden. Elisabeth Tuider[64] gibt dazu eine Handlungsempfehlung: „Um sich gegenüber den Eltern abzusichern und den Stellenwert und die Bedeutung von Sexualerziehung in der eigenen Institution deutlich zu machen, ist es sinnvoll, die wichtigsten Aspekte ins Leitbild einer Einrichtung aufzunehmen, das bei der Anmeldung von den Eltern zur Kenntnis genommen und unterschrieben wird (z. B. Konzept, Schulprogramm etc.). Um ein sicheres und offenes Klima zu ermöglichen, empfiehlt es sich, das explizite Verbot jeglicher Diskriminierung aufgrund des Geschlechts, der Religion, der ethnischen Herkunft, einer Behinderung oder der sexuellen Orientierung sowie das Prinzip der Vielfalt im Leitbild zu verankern. Zuwiderhandlung von Seiten der Jugendlichen sollen entsprechend bedacht und mit Konsequenzen versehen werden."[65]

Das Land Hessen hat diesen Weg eingeschlagen, der Sexualkundelehrplan[66] soll „die Vermittlung von Wissen über die Existenz unterschiedlicher Partnerschaftsformen und Verständnisse von Familie, sexuellen Orientierungen und geschlechtlichen Identitäten und deren Akzeptanz sein."[67] Schüler, die sich nicht der Gender-Lehre fügen, sollen über die Schulordnung sanktioniert werden.

Zwar gesteht der Lehrplan Eltern eine Mitsprache zu, und Sexualerziehung sei „in einem sinnvollen Zusammenwirken von Schule und Elternhaus zu leisten". In der Praxis scheinen sich aber laut Pressemeldungen einige Pädagogen nicht unbedingt daran zu halten, was Eltern immer wieder zu Protesten veranlasst.

Der Versuch der Gender-Lobby, über die Sexualkundelehrpläne der Länder eine Akzeptanz von LSBBTQ zur erreichen, geht weit über die Aufklärung der Biologie von Sexualität hinaus. Wenn der Bildungsplan argumentiert, Schule „dürfe nicht eine Lebensform bevorzugen", Schüler müssten dagegen andere Lebensformen „akzeptieren", kann dieser Wertewandel eben nicht ohne Zustimmung der Eltern erfolgen.

Das Bundesverfassungsgericht hat in einem Urteil von 1978 die grundsätzlichen Elternrechte im Blick auf die Sexualerziehung in fünf Leitsätzen festgelegt (Unterstreichung hinzugefügt):

1. Die individuelle Sexualerziehung gehört in erster Linie zu dem natürlichen Erziehungsrecht der Eltern im Sinne des GG, Art. 6, Abs. 2; der Staat ist jedoch aufgrund seines Erziehungsauftrages und Bildungsauftrages (GG, Art. 7, Abs. 1) berechtigt, Sexualerziehung in der Schule durchzuführen.

2. Die Sexualerziehung in der Schule muss für die verschiedenen Wertvorstellungen auf diesem Gebiet offen sein und allgemein Rücksicht nehmen auf das natürliche Erziehungsrecht der Eltern und auf deren religiöse oder weltanschauliche Überzeugungen, soweit diese für das Gebiet der Sexualität von Bedeutung sind. <u>Die Schule muss insbes. jeden Versuch einer Indoktrinierung der Jugendlichen unterlassen.</u>

3. Bei Wahrung dieser Grundsätze ist Sexualerziehung als fächerübergreifender Unterricht nicht von der Zustimmung der Eltern abhängig.

4. <u>Die Eltern haben jedoch einen Anspruch auf rechtzeitige Information über den Inhalt und den methodisch-didaktischen Weg der Sexualerziehung</u> in der Schule.

5. Der Vorbehalt des Gesetzes verpflichtet den Gesetzgeber, die Entscheidung über die Einführung einer Sexualerziehung in den Schulen selbst zu treffen. Das gilt nicht, soweit lediglich Kenntnisse über biologische und andere Fakten vermittelt werden.[68]

Die Pläne der genannten Bundesländer widersprechen damit höchstrichterlicher Rechtsprechung.

Es bleibt nur ein Weg: Eltern müssen ihr Recht zur Sexualerziehung ihrer Kinder aktiv und mit Vehemenz einfordern. Die Hoffnung, der Staat respektiere von sich aus ihre Rechte, muss als naiv angesehen werden. Wenn Christen eine schulische Aufklärung wünschen, die nicht zur Indoktrination wird, müssen sie sich in schulische Inhalte einmischen und den Unterricht nicht dem Kultusministerium und den Lehrkräften/Kita-Betreuern überlassen.

Einerseits beruft sich der Staat im Blick auf Schule auf seine Neutralitätspflicht, z. B. in religiösen Fragen (Kopftücher von Muslimas, muslimisches Gebet, Anschauen okkulter Filme, s. Kapitel 8). Andererseits definieren Politiker in den Kultusministerien, was denn „neutral" ist, sie verstehen sich als Repräsentanten dessen, was „Zeitgeist" ist. Und wenn die Gender-Ideologie nun eben „Zeitgeist" ist, dann ist diese Vorstellung eben neutral, und das christliche Verständnis wird „extrem".

„Gleichberechtigung" zum Nachteil der Jungen

Nun könnte man sagen, dass die Gleichberechtigung als formale Forderung der Gender-Lehre in der Bildung längst angekommen ist. Die Zahlen für NRW sprechen beispielhaft für alle Bundesländer eine deutliche Sprache:[69]

» Beim Übergang in weiterführende Schulen erhalten Jungen etwas seltener als Mädchen eine Empfehlung ihrer Grundschule für das Gymnasium (47,2 % gegenüber 52,8 %).

» Bei den Klassenwiederholungen ist die Zahl der Jungen in allen Schulstufen höher als die der Mädchen (z. B. Primarstufe: 1985 Jungen/1363 Mädchen; Sekundarstufe I: 15 791 Jungen/9882 Mädchen; Sekundarstufe II: 12 233 Jungen/9136 Mädchen). [Das entspricht folgenden Prozentzahlen: Primarstufe: 59,2% Jungen/40,2% Mädchen; Sekundarstufe I: 61,5% Jungen/38,5% Mädchen; Sekundarstufe II: 57,2% Jungen/42,8% Mädchen, Anm. des Autors.]

» Je höherwertiger der Abschluss einer Schulform ist, desto mehr Mädchen sind unter den Schülern (Hauptschule: 42,2 %; Sekundarschule 44,2 %; Gemeinschaftsschule 46,0 %; Realschule 48,5 %; Gesamtschule 49,9 %; Gymnasium 52,9 %).

» Je höherwertiger die Abschlüsse, desto häufiger werden sie von Mädchen und Frauen erworben

» Darüber hinaus wird mehr Jungen als Mädchen sonderpädagogischer Förderbedarf attestiert (65,9 % gegenüber 34,1 %), und mehr Jungen als Mädchen besuchen eine Schule mit besonderem Förderschwerpunkt (66,2 % gegenüber 33,8 %).[70]

Demnach ist die Gleichberechtigung bei einer Ungleichheit der Jungen angekommen. Ein

Aktionsplan der Landesregierung zur „Gleichbe-rechtigung" der Jungen? Fehlanzeige!

Mit diesen Zahlen hadert die Gender-Lobby. Es kann ja nicht sein, dass Mädchen deutlich bevor-zugt werden, aber in dem für sie entscheidenden Gerechtigkeitskriterium, dem durchschnittlichen Einkommen, immer noch den Männern hinter-herhinken: „Trotzdem sind Mädchen nicht – wie zunehmend behauptet wird – die ‚Gewinne-rinnen' des Bildungssystems. Denn nach wie vor sind unter anderem ein geschlechtsspezifisch se-gregierter Arbeitsmarkt, niedrige Fraueneinkom-men und weniger Frauen in Spitzenpositionen Merkmale in der Berufswelt."

Vielmehr zweifelt man an den Lehrern: „Es stellt sich also die Frage: Was lernen Jungen in der Institution Schule, dass sie – trotz tendenzi-ell schlechterer Schulleistungen – im späteren Erwerbsleben mehr Erfolg haben können? Wie lernen sie das und was trägt die Institution Schu-le dazu bei? Und was lernen Mädchen in der In-stitution Schule, das sie – trotz besserer Schulleis-tungen – nicht dazu befähigt, diese Kenntnisse und Fähigkeiten im späteren Berufsleben adäquat umzusetzen beziehungsweise durchsetzen zu können? Wie lernen sie das und was trägt die In-stitution Schule dazu bei?"[71]

Diese Aussagen machen das große Rätselraten deutlich: Wie kann es sein, dass die Bildung Mäd-chen eher bevorzugt und Jungen benachteiligt, sich das in der Berufswahl und im beruflichen Werdegang aber nicht widerspiegelt? Sollte es doch so sein, dass Jungen und Mädchen eine natürliche, geschlechterspezifische angeborene Neigung haben, die dieses Phänomen erklärt?

Der Gender-Gedanke wird hier widerlegt: Obwohl das Bildungssystem und sogar der Unterricht Mädchen deutlich bevorzugen, sie die besseren Abschlüsse machen und das klassische Familienbild ausgedient hat, entscheiden sie sich dennoch oft für die Mutterrolle und pflegen Angehörige. Es ist also eine ihnen angeborene Neigung, keine Gender-Frage, also nicht gesellschaftlich geprägt und damit nicht veränderbar. Die Bibel hat doch recht: Eine Aufteilung der Arbeit in Familien- und Erwerbstätigkeit ist nicht beliebig oder sexistisch, sondern der natürlichen Neigung entsprechend.

> Die Bibel hat doch recht: Eine Aufteilung der Arbeit in Familien- und Erwerbstätigkeit ist nicht beliebig oder sexistisch, sondern der natürlichen Neigung entsprechend.

Diskriminierung der Hausfrauen- und Mütterrolle

Das Institut der Deutschen Wirtschaft in Köln veröffentlichte 2016 eine Studie[72], die ausgerechnet hat, warum Frauen im Schnitt weniger verdienen als Männer und dass es keine Notwendigkeit für z. B. ein Lohngerechtigkeitsgesetz gibt, wie es die Bundesregierung plant. Die Studie fand heraus,

» dass Frauen eher für Kindererziehung und Pflege zuständig seien, und weil ihnen dadurch Berufserfahrung fehle, verdienten sie weniger.

» dass Frauen eher in sozialen Berufen tätig seien, in denen weniger verdient werde als in Industrieberufen.

» dass Männer häufiger in Positionen arbeiteten, die mehr Selbständigkeit verlangen würden. Frauen wären eher bereit, auch unter ihrer Qualifikation zu arbeiten.

» dass es bis zum ersten Kind fast keinen Lohnunterschied zwischen Männern und Frauen gebe, erst danach beginne die Lohnlücke zu entstehen.

Frauen bekommen Kinder, kümmern sich eher um deren Erziehung, übernehmen oft auch die Pflege der Eltern und haben dadurch finanzielle Nachteile. Statt nun Familienzeit auch finanziell besser zu fördern, wird Frauen das Muttersein madig gemacht. Die Bezeichnung von Müttern als „Heimchen am Herd" und die Diffamierung des Betreuungsgeldes als „Herdprämie" sind ein deutlicher Verstoß gegen das allseits propagierte Diskriminierungsverbot. Damit wird Müttern Dummheit oder mangelnde Bildung unterstellt. Längst aber – das zeigen die Zahlen – sind Frauen den Männern in punkto Bildung überlegen, es sind also durchaus gebildete Mütter, die hier Kinder bekommen und keine „Dummchen". Sie haben sich aus Überzeugung für Kinder entschieden, nicht weil sie nicht aufgeklärt wären oder sie sich der Konsequenzen für ihre Karriere nicht bewusst wären. Nein, sie entscheiden sich für Kinder trotz der Konsequenzen! Es kann darauf eigentlich nur eine Antwort der Politik geben: diese Entscheidung wertzuschätzen und finanziell zu fördern! Erziehung ist eine Höchstleistung für die Gesellschaft, der die Anerkennung schlicht verweigert wird. Das wäre wahre Gleichberechtigung, wenn die Entscheidung, Kinder zu Hause zu erziehen, genauso geachtet würde wie die Erwerbstätigkeit!

> Das wäre wahre Gleichberechtigung, wenn die Entscheidung, Kinder zu Hause zu erziehen, genauso geachtet würde wie die Erwerbstätigkeit!

Die übersteigerte Bewertung der Erwerbstätigkeit gegenüber der Erzieherrolle von Eltern ist beschämend. Wenn sich Frauen schon früh für die Mutterrolle entscheiden, können sie doch trotzdem intelligent und bildungsinteressiert sein. Muss man sie deshalb als dümmlich darstellen? Leider ist die Wertschätzung der Mutterrolle selbst in christlichen Gemeinden auf dem Rückzug. Man wird als Frau mittlerweile auch in christlichen Kreisen daran gemessen, welchen Beruf man denn gelernt hat. Der Abschnitt „Hausfrau" im persönlichen Lebenslauf wird fast mit „Faulheit" gleichgesetzt. Lebenstüchtigkeit wird eher zugesprochen, wer neben der Familie auch arbeitet.

Auch wenn die Bibel davon spricht, dass Frauen zum Einkommen beitragen, und das in vielen Familien auch wirklich notwendig ist, darf dieser Zwang nicht dazu führen, dass wir den hohen biblischen Wert der Mutter abqualifizieren und ihren Wert nur noch an dem erlernten Beruf messen. Hätte Gott nach diesem Kriterium Maria erwählt? Sie war arm, konnte nur die kleinste Opfergabe zur Geburt ihres Sohnes bringen (zwei Tauben, Lk 2,24). Nein, Gott sieht ins Herz, und das gilt auch für die sehr zu respektierende Haltung von Müttern, ihre Kinder zu erziehen, statt arbeiten zu gehen.

Wie darauf reagieren?

Eltern haben die Pflicht und das Recht, ihre Kinder vor dem einseitigen und unreflektierten Einfluss des Gender-Denkens zu schützen. Der beste Schutz für Kinder ist ein Familienalltag, in dem ihnen täglich ein liebevolles und dienendes Miteinander vorgelebt wird. So erfahren sie die Ergänzung von Papa und Mama, den respektvollen Umgang von Brüdern mit Schwestern und mit Großeltern. Das prägt ihre Weltanschauung und Wahrnehmung von Geschlechtlichkeit viel stärker, als Erzieher oder Lehrer es je könnten. Zweifel an der Bipolarität der Geschlechter werden dadurch widerlegt, wenn Kinder zu Hause erleben, dass sie eben gut funktioniert und Gottes Liebe Familien zusammenhält. Etwas, das Gleichheit nicht schafft.

> Der beste Schutz für Kinder ist ein Familienalltag, in dem ihnen täglich ein liebevolles und dienendes Miteinander vorgelebt wird.

Dennoch müssen Eltern den Einfluss der Ideologie durch Schulbücher und Bilderbücher nicht einfach hinnehmen. Sie sollten konkret nachfragen, ob Gender-konformes Material in Schule und Kita eingesetzt wird und sich Buchtitel ggf. notieren, um selbst nachzulesen. Auch wenn in der Schule nicht kritisch damit umgegangen wird, können Eltern es zu Hause tun und problematische Stellen mit ihren Kindern durchgehen.

Gegen Aktivistengruppen wie die SCHLAU-Teams sollten Eltern protestieren und sich zusammentun, um Lehrern und Schulleitungen ihren Widerspruch auszudrücken. Was auf rechtlichem Wege nicht möglich scheint, ist auf dem des Widerspruchs oft machbar. Das können wir von der Gender-Lobby lernen. Keine Schulleitung möchte ernsthaft einen medienwirksamen Aufstand ihrer Eltern erleben, zumal bei einem Thema, das vermutlich auch in der eigenen Lehrerschaft nicht unstrittig ist.

Fazit

> Gott hat Mann und Frau verschieden gemacht und sie mit unterschiedlichen Aufgaben und Fähigkeiten versehen, er hat sie nicht auf Gleichheit, sondern auf Ergänzung hin geschaffen.

Gott hat Mann und Frau verschieden gemacht und sie mit unterschiedlichen Aufgaben und Fähigkeiten versehen; er hat sie nicht auf Gleichheit, sondern auf Ergänzung hin geschaffen. Die gottgewollte Unterschiedlichkeit wird heute durch die Ideologie des Gender-Mainstreamings untergraben. Nicht die Gleichheit, sondern die Auflösung der

Geschlechter ist das eigentliche Ziel der Gender-Aktivisten. Wahres Glück finden Kinder jedoch nur, wenn sie sich als von Gott gewollter Junge und von Gott gewolltes Mädchen annehmen können. Was das bedeutet, lernen sie vor allem durch Nachahmung ihrer Väter und Mütter. Trotz aller Sorge um den schädlichen Einfluss des Gender-Denkens ist der Einfluss der eigenen Eltern deutlich größer. Ein Kind, das in der Familie liebevolle Beziehungen und Wertschätzung erlebt hat, ist dagegen nahezu immun, denn es hat gelernt, sich mit der von Gott geschaffenen geschlechtlichen Identität anzunehmen. Eltern sollten ihre Mitspracherechte in Schule und Kita wahrnehmen, gerade wenn an ihrer Zustimmung vorbei Aktivisten mit der „Aufklärung" ihrer Kinder beauftragt werden. Darauf vorbereitete Kinder sind nicht so sehr für falsche Familien- und Identitätsbilder anfällig, denn sie werden sich vor allem am guten Beispiel der eigenen Eltern orientieren.

4. Aufklärung gehört in die Hände von Eltern

Aufklärung am besten von den eigenen Eltern
Die Schule hat die Pflicht zur sexuellen Aufklärung, darin liegt auch ein tieferer Sinn. Wenn Teenager nichts über die Monatsblutung wissen oder wie eine Schwangerschaft entsteht, werden sie schnell Opfer der eigenen Neugierde und unfreiwillig zu Vätern oder Müttern.

Der beste Schutz für Kinder vor Beschädigung ihrer Sexualität ist jedoch die Aufklärung zu Hause durch die eigenen Eltern. Sie kennen ihr Kind am besten und wissen um seine Grenzen und Fragen.

Das Schamgefühl
Das Schamgefühl ist ein dem Menschen nach dem Sündenfall von Gott eingepflanztes Empfinden, mit der wir behutsam umgehen müssen. Die Geschichte von Noah ist uns ein eindrückliches Beispiel dafür, was passiert, wenn das nicht beachtet wird: Er liegt betrunken und nackt in seinem Zelt, sein Sohn Ham begafft seine Nacktheit und wird von Noah verflucht, nachdem dieser wieder zur Besinnung gekommen ist. Dem Mangel an Selbstbeherrschung (Trunkenheit) folgt die Schamlosigkeit (Nacktheit), die wiederum Respektlosigkeit

zur Folge hat (Gaffen) und schließlich zu Fluch und Unglück führt. Der Verlust des Schamgefühls macht Menschen manipulierbar, rücksichtslos, schutzlos und unglücklich.

Walter Mehl sagte: „Das Schamgefühl ist das Immunsystem der Seele." [73] Es ist eine von Gott eingerichtete Schutzfunktion der Seele gegen den Eingriff von außen in die eigene Intimität. Die Ursprungsbedeutung lautet: „das zu Bedeckende". Es gehört zur psychischen Grundausstattung des Menschen. Scham empfinden zu können ist eine exklusive Fähigkeit des Menschen. Es ist das unangenehme Gefühl, bei einer Lüge erwischt zu werden. Es ist die Peinlichkeit, wenn man plötzlich keine Antwort weiß. Es ist das plötzliche Sich-bewusst-Werden, dass man gegen eine allgemeine Regel verstoßen hat. Scham wirkt wie eine innere Kontrollinstanz, die Fehler verhindern soll. Verantwortlich dafür, dass man sich schämt, sind soziale Verhaltensmaßregeln. Sie definieren, was in einer bestimmten Gruppe, z. B. in der Familie, im Kindergarten, in der Schule in Ordnung ist und was nicht. Es geht darum, was in bestimmten Situationen richtiges und falsches Verhalten ist. Beim Arzt ist es in bestimmten Situationen in Ordnung, sich auszuziehen, auf dem Spielplatz nicht.[74]

Schamgefühl, Identität und Intimität bilden eine Einheit. In der Ehe kann das Schamgefühl

> „Das Schamgefühl ist das Immunsystem der Seele." Es ist eine von Gott eingerichtete Schutzfunktion der Seele gegen den Eingriff von außen in die eigene Intimität.

entfallen, weil die Identität von Mann und Frau und die Intimität als Liebende gegeben sind. Bei Singles hingegen ist das Schamgefühl ein Schutz vor anderen.

Das Schamgefühl erwacht irgendwann und ist etwas Positives. Zunächst haben Kinder noch kein Schamgefühl, aber irgendwann in der Phase als Kleinkind, mit etwa drei Jahren, wollen sie dann alleine auf die Toilette oder sagen beim Umziehen zu den Eltern: „Mama/Papa, geh raus!" Spätestens dann sollten sich auch Eltern nicht mehr nackt vor den Kindern zeigen – das Schamgefühl ist erwacht. Ab jetzt ist das Schamgefühl für Kinder verbunden mit einem „Schutzraum", der nur ihnen gehört. Der Schutzraum, in dem Nacktheit geschützt erlebt werden kann, wird kontinuierlich kleiner, bis er nur noch das Kind selbst umfasst (es will sich dann z. B. alleine in seinem Zimmer umziehen). Das Schamgefühl zu respektieren heißt, das Kind in seiner Identität und Persönlichkeit zu respektieren. Das eben nicht zu tun heißt, es zu missbrauchen. FKK ist deshalb eine Art von Kindesmissbrauch, und es ist schlimm, wenn Eltern ihnen dann noch „Verklemmtheit" vorwerfen.

Prüderie einerseits, also eine regelrechte Körperfeindlichkeit, in der alle Themen rund um Sexualität verschwiegen werden, und Nudismus andererseits, in dem das Schamgefühl gänzlich verloren geht, sind ungute Extreme für die Entwicklung von Kindern.

> Das Schamgefühl erwacht irgendwann und ist etwas Positives.

Wenn wir Kinder aufklären, verletzen wir in gewisser Weise auch das Schamgefühl des Kindes. Wenn das sehr vorsichtig, altersangemessen und liebevoll geschieht, wird das Kind dabei aber nicht geschädigt, sondern durch das neue erworbene Wissen eher gestärkt.

Der richtige Zeitpunkt

Wann ist der richtige Zeitpunkt, um mit der Aufklärung zu Hause anzufangen? 1996 schrieben Bruno und Yvonne Schwengler noch in ihrem Buch „Erziehung – Frust oder Lust?", dass die Sexualerziehung durch die Eltern mit zehn bis zwölf Jahren beginnen sollte, sonst sei es zu spät.[75] Heute, 20 Jahre später, haben Internet und Smartphones diese Zeit deutlich nach vorne geschoben. Ute Buth, Ärztin für Frauenheilkunde und Fachberaterin beim Weißen Kreuz, rät Eltern heute, schon im Kindergarten, spätestens aber in der Grundschule in der 1. oder 2. Klasse damit zu beginnen, sonst würden es andere machen.[76]

Spätestens, wenn die Kinder von sich aus Themen wie ihren Körper, Sexualität, Entstehung von Kindern, Geburt o. Ä. ansprechen, sei der Zeitpunkt für eine Aufklärung durch die Eltern gekommen. Häufig sind es ja andere Kinder, die diese Themen in den Kindergarten oder die Schule tragen und ihre Mitschüler so „aufklären". Das ist sicher nicht problematisch, solange Eltern spätestens dann darauf ruhig und offen reagieren, die Neugierde auf keinen Fall tabuisieren.

Für Kinder im Grundschulalter empfiehlt sich z. B. das Bilderbuch „Mama, Papa und ich. Wo kommen die kleinen Babys her?"[77] Liebevoll, kindgerecht und in Ehrfurcht vor Gott und dem Wunder des Lebens erzählen Malcom und Meryl Doney von Liebe und Zuneigung in der Familie, erklären den Körper von Mann und Frau und stellen die Familie von verheirateten Eltern als Ort vor, in dem Kinder nach Gottes Willen aufwachsen sollen.

Für Teenager gibt es mittlerweile eine Reihe guter christlicher Aufklärungsbücher, die die Heranwachsenden auf liebevolle Weise an ihre Geschlechtlichkeit und Würde der Sexualität heranführen und wichtige Bereiche ansprechen. Es liegt eine besondere Chance darin, dass Väter und Mütter diese wichtige Aufgabe nicht allein Büchern überlassen, sondern ihre Teenager in Gesprächen dabei begleiten.

Es lohnt sich für Eltern, die Inhalte vorher miteinander intensiv abzusprechen, also als Eheleute zu klären, was genau zum Thema gemacht werden soll. Folgende Liste ist nur eine Hilfe und kann lediglich ein Gedankenanstoß sein:

» **Was ist Liebe?** Nämlich eine Willensentscheidung, das Beste des anderen zu suchen. Liebe ist nicht zuerst ein Gefühl, sondern eine Entscheidung, die sich in der Tat zeigt. Liebe ist zuerst Motivation, nicht Emotion. Sie verletzt nicht, sie achtet die Würde und den

> Liebe ist zuerst Motivation, nicht Emotion.

Willen des anderen, sie nimmt nicht, sondern gibt. Sie ist die Voraussetzung für jede Partnerschaft. Solange Kinder und Teenager selbst noch in der Entwicklung sind, haben sie keinen Platz für echte Liebe zu einem anderen Partner und sollten warten, bis sie erwachsen und reif dafür sind.

» Liebe ist nicht **Verliebtsein**. Das Verliebtsein geht der Liebe voraus, es kann Wegbereiter echter Liebe sein und schafft das Interesse von Mann und Frau füreinander, aber es ist nur der Schlüssel, echte Liebe dagegen das Schloss. Mein

> Verliebtsein ist nur der Schlüssel, echte Liebe dagegen das Schloss.

Vater lehrte mich in einem „Aufklärungsgespräch" als Teenager eine hilfreiche Weisheit: „Wenn du verliebt bist, dann danke Gott, dass die Hormone funktionieren und bei dir körperlich alles in Ordnung ist, aber mach nicht unbedingt eine Freundschaft daraus." Wir können uns verlieben, selbst als verheiratete Erwachsene. Das Sich-Verlieben ist eine biologische Funktion, die vom Willen gesteuert bleiben muss. Wird das Gefühl des Verliebtseins nicht gefüttert, klingt es nach einer Weile wieder ab. Teenagern hilft es, wenn sie wissen, dass sie z. B. bis zur Volljährigkeit warten sollten, um eine Beziehung anzufangen, dann können sie zum Gefühl des Verliebtseins davor leichter Nein sagen.

» **Sex und Liebe** gehören in der Bibel zusammen. Sex dient nicht nur der Lustgewinnung oder Fortpflanzung, sondern der Verschmelzung von zwei sich liebenden Menschen zu einem Leib. Liebe schenkt in Verbindung mit dem biologischen Vorgang des Sex die Erfüllung, auf die sich die Sehnsucht richtet.

» Das **Schamgefühl** ist ein Schutzmechanismus Gottes. Es soll uns helfen, bei Grenzverletzungen Nein zu sagen und eine gesunde Intimität aufzubauen. Pornobilder, Sexting[78] und Grooming[79] schwächen diesen Schutzmechanismus und damit auch das Selbstwertgefühl. Sie führen bei vielen Menschen zu Ängsten, Irritationen, Lähmungen und Sprachlosigkeit.[80]

» Die **Hormone.** Oxytocin ist das Kuschel-, Bindungs- und Treuehormon. Dieses Hormon wird bei Männern und Frauen ausgeschüttet, wenn sie gestreichelt werden. Es bewirkt Vertrautheit und baut Angst und Stress ab. Eine besonders große Menge Oxytocin wird ausgeschüttet bei der Geburt, beim Stillen und während des Geschlechtsverkehrs, besonders beim Orgasmus. Durch dieses Hormon baut die Mutter eine starke seelische Verbindung zum Kind auf, es ist wie ein emotionaler Klebstoff, der sagt: Wir sind eine Einheit! Das andere Liebeshormon, Vasopressin, hat eine ganz ähnliche Wirkung. Es stärkt die Bindung, schafft ein

Gefühl der Solidarität, des Beschützerinstinkts und der Zusammengehörigkeit.

Was passiert, wenn man mit vielen Menschen Sex hatte? Tabea Freitag erklärt es mit einem Bild: Das ist so, als würde man ein Papp-Pärchen zusammenkleben und wieder auseinanderreißen. An beiden Teilen bleibt dann etwas vom anderen hängen. So ist es auch in Beziehungen: Etwas vom Ex-Partner bleibt an mir hängen, das hat Gott hormonell so eingerichtet. Jede Trennung tut weh und hinterlässt Spuren des anderen bei mir. Viele Mädchen müssen ihr Leben lang an das „erste Mal" denken und kommen vom ersten Partner nicht mehr los; Jungen kann es genauso gehen. Irgendwann sieht die Pappfigur wie ein Flickenteppich aus. Das Problem ist, dass viele Jugendliche eigentlich noch gar nicht richtig wissen, wer sie selbst sind, aber schon ganz viel von anderen an ihnen „klebt". Ihre Bindungsfähigkeit ist beeinträchtigt, und sie entwickeln echte Bindungsprobleme.[81]

» **Pornografie** reduziert Männer, aber vor allem Frauen auf ihren Körper, sie entwürdigt und macht gefühlskalt. Pornografie ist für die Empfindsamkeit der Seele ungefähr das, was Schnupfen für die Wahrnehmung der Nase ist.

Echte Liebe dagegen sieht den anderen als ganzen Mensch, als Persönlichkeit, sie schenkt und konsumiert nicht nur. Pornos führen zur Anspruchshaltung: „Du musst mich befriedigen!" Sie vermitteln den Eindruck, Sexualität sei ganz einfach zu haben, sie täuschen ein Gefühl von Kontrolle vor, die den anderen dafür auf ein Objekt reduziert. Sie vermitteln die Illusion von Intimität, während sie in Wirklichkeit genau das nicht geben; sie suggerieren Leidenschaft und Abenteuer, während sie in Wirklichkeit sehr einsam machen; sie versprechen ein Glücksgefühl und hinterlassen nur Schuldgefühle.

» Kinder lernen in der Schule **Schimpfwörter** wie „ficken" kennen und wissen nicht, was damit gemeint ist. Es hilft ihnen zu verstehen, welche Menschenverachtung oft mit diesen Wörtern ausgedrückt wird, um sie nicht in den eigenen Wortschatz zu übernehmen. Das Wort „ficken" z. B. kommt von den mittelalterlichen „Fickbäumen", die verwendet wurden, um Stadttore bei Belagerungen aufzurammen. „Ficken" ist also eigentlich ein Ausdruck für „brutal vergewaltigen", der in keinen Wortschatz gehört.

» Das **Schönheitsideal** wird durch Werbung und TV bestimmt. Wir sollten Kindern die Lügen der gephotoshopten Welt zeigen, in der Flecken verschwinden, Falten geglättet, Unregelmäßigkeiten wegretuschiert und schlanke, nichtexistierende Models erzeugt werden. Die Attraktivität eines Menschen besteht nicht in seinem Äußeren, sondern vielmehr in dem

Glück und der Freude einer strahlenden Persönlichkeit. Der Körper ist nur einer von vielen Aspekten, die einen Menschen schön machen, und kein Heranwachsender sollte sich darauf reduzieren lassen. Menschen, die sich ohne medizinische Indikation zur Optimierung ihres Körpers unters Messer eines Schönheitschirurgen legen, leiden an mangelnder Selbstannahme und Liebe. Sie sind kein Vorbild, sondern eine Warnung.

> Die Attraktivität eines Menschen besteht nicht in seinem Äußeren, sondern vielmehr in dem Glück und der Freude einer strahlenden Persönlichkeit.

» **Respekt und Liebe** sind wesentliche Säulen in jeder Ehe. Frauen sollen ihre Männer respektieren und Männer ihre Frauen lieben (Eph 5,33). Eltern können mit ihren Kindern darüber sprechen, was das in ihrer Ehe bedeutet und welche charakterlichen/persönlichen Voraussetzungen dafür vorhanden sein müssen.

» Kinder sollten wissen, wann die Grenze zum **Missbrauch** erreicht ist. Niemand hat das Recht, ein Kind anzufassen, wenn es das nicht möchte. Wenn Kinder ein ungutes Gefühl dabei haben, sollten sie es immer den Eltern sagen. Es darf auch niemand ein „Geheimnis" mit ihnen haben, das sie ihren Eltern nicht erzählen dürfen, obwohl es ihnen Bauchweh bereitet. Kinder müssen wissen: Geheimnisse, die Papa und Mama nicht wissen dürfen, sind böse Geheimnisse und dürfen erzählt werden. Kinder können mit drei Fragen prüfen, ob ihnen gerade jemand zu nahekommt:

- ○ Habe ich ein Ja- oder ein Nein-Gefühl?
- ○ Weiß jemand, wo ich jetzt bin?
- ○ Bekomme ich Hilfe, wenn ich jetzt Hilfe brauche?

» Sich kennenlernen/**Partnerwahl**. Es interessiert Kinder, Teens und Jugendliche, wie sich die Eltern kennengelernt haben. Eltern sollten von den richtigen und ggf. falschen Entscheidungen erzählen, die sie in ihrer Partnerwahl getroffen haben. Die Bibel spricht nicht davon, dass es DEN Partner fürs Leben gibt, sondern macht zur einzigen Bedingung, dass er gläubig sein soll (1Kor 7,39; 2Kor 6,14 ff.).

» Ehe als **Lebens-, Dienst- und Liebesgemeinschaft**. Die Ehe ist auch Romantik und große Gefühle, aber sie ist viel mehr als das. Sie muss sich in den 95 % Alltag beweisen, die von Ergänzung, Vergebung, Fürsorge, Fleiß und Dienst geprägt sind. Kinder sollten eine realistische Vorstellung davon bekommen, was Ehe und Familie im Innenverhältnis von Mama und Papa bedeuten. Was es im Blick auf sie als Kinder bedeutet, bekommen sie ja unmittelbar mit.

» **Intimität und Vertrauen**. Eine langfristig stabile Partnerschaft ist nur möglich, wenn tiefes gegenseitiges Vertrauen gewachsen ist. Vertrautheit und Intimität werden untergraben, wenn das Interesse an der Partnerin/dem Partner abnimmt und stattdessen das sexuelle Interesse an andere Männer und Frauen gebunden wird (z. B. durch Medienkonsum), wenn Unzufriedenheit durch unrealistische Vergleiche oder Leistungsdruck entsteht, wenn man sich dem Partner durch mangelnde gemeinsame Zeit, gemeinsames Gespräch oder mangelnde geistliche Gemeinschaft entfremdet.

Fazit

Das Schamgefühl ist ein Schutzimpuls der Seele, der sie vor schädlichem Einfluss schützen soll. Das Schamgefühl von Kindern zu respektieren bedeutet, ihre Würde zu schützen; es hingegen zu verletzen heißt, ihre Würde anzutasten. Bevor „Aufklärung" in der Kita oder Schule auf unangemessene Weise durch andere Kinder – manchmal auch durch übereifrige Erzieher oder Lehrer – erfolgt, sollten Eltern ihre Kinder liebevoll selbst aufklären. Mithilfe geeigneter Bilderbücher lernen so die Kleinen, wie sich Gott die Sexualität von Mann und Frau gedacht hat. Wo kommen die Babys her? Wie kommen sie in Mamas Bauch? Und wie kommen sie wieder raus?

Mit älteren Kindern und Teenagern ergeben sich die Gelegenheiten zum Gespräch dagegen am besten so ganz nebenbei, während der Küchenarbeit oder beim Autofahren. Eltern sollten sich darüber absprechen, wie und wann sie ihre Kinder aufklären und sich – wenn möglich – die Kinder nach Geschlecht aufteilen.

5. Smartphone und Internet – die heimlichen Miterzieher

Der Witz „Wenn du eine Familienkonferenz einberufen willst, schalte einfach den WLAN-Router aus und warte ein paar Sekunden" macht deutlich, wie normal das Internet in Familien geworden ist.

Facebook hat über zwei Milliarden aktive Nutzer, 250 Millionen kontrollieren täglich ihren WhatsApp-Status, 56 % des Traffics wird nicht durch Menschen, sondern Bots verursacht (das sind selbständig arbeitende Maschinen, die Einträge und Nachrichten erstellen), 75,1 % der Internetzugriffe erfolgen über Handys, jeden Tag werden 2,9 Milliarden Suchanfragen bei Google gestellt, Deutsche entsperren im Schnitt 80-mal am Tag ihr Smartphone, und Kriminelle verursachen über das unkontrollierbare „Darknet" Schäden von jährlich über 400 Milliarden Dollar.

2017 werden in jeder Minute 156 Millionen E-Mails verschickt und 29,2 Millionen WhatsApp-Nachrichten, 46 875 Stunden Spotify-Musik gehört, 4,1 Millionen YouTube-Videos angesehen und von Amazon über 256.273 $ umgesetzt. Das Ganze also 1440-mal am Tag![82]

Selbstverständlich sind heute alle Hausbewohner mit ihren IT-Geräten mit dem Internet verbunden. Das Telefon läuft in vielen Haushalten über das Internet, per WLAN lassen sich weitere Geräte wie der Trockner, der Kühlschrank, die Alarmanlage oder die Heizung steuern. Das Smart-Home erobert den Markt, alles soll miteinander und mit dem Internet verbunden sein.

Ist die digitale Welt nun real oder die reale Welt digital?

„Digital" ist die neue Wirklichkeit

Früher gab es eine reale und eine digitale Welt, die klar getrennt waren: Real war zu Hause, digital „auf Arbeit". Das Digitale war unpersönlich, bestand aus abstrakten Informationen und wurde von klobigen Computern gesteuert; zu Hause war dagegen das Private, mechanisch und zum Anfassen, und man hatte noch Auge-in-Auge mit Menschen zu tun. Diese Trennung gibt es nicht mehr. Es hat eine Migrationsbewegung ins „Onlife"[83] stattgefunden; Mensch und Maschine verschmelzen. Das Smartphone ist längst zu einem festen Körperteil geworden, wie ein dritter Arm oder ein zweiter Kopf, auch wenn es noch nicht ganz festgewachsen ist (die große Zahl an in WCs „ertränkten" Smartphones beweist das). Als hätte Gott uns unvollständig geschaffen, haben wir den menschlichen Körper um ein Gerät ergänzt, das uns vollständiger machen soll.

> Es hat eine Migrationsbewegung ins „Onlife" stattgefunden; Mensch und Maschine verschmelzen.

Die Realität wird nun digital gemacht, die Technologie heißt *Augmented Reality*, also erweiterte Realität. Das Smartphone ergänzt oder ersetzt z. B. Objekte auf einem Foto so, als wären sie real. Aus einem Foto vor dem Berliner Fernsehturm wird so in Sekundenbruchteilen ein Bild vor dem Eiffelturm. Die virtuelle und die echte Realität lassen sich beliebig kombinieren und überlagern. Für einen Chirurgen im OP ist das ein Segen; er lässt sich über einen Bildschirm in der Brille z. B. Schnittlinien anzeigen, die digital erzeugt und auf das Organ gelegt werden. Im Bereich der Navigation kann eine auf ein Gebäude gerichtete Kamera dieses „durchleuchten" und die Daten und Namen der Personen darin anzeigen. Dank Spracherkennungs-, Gesichtserkennungs- und Kleidungserkennungs-Software kein Problem. Möbelhäuser statten die eigene Wohnung virtuell mit Möbeln aus, im Smartphone-Bildschirm geht man durch die Zimmer und bekommt die Möbel so angezeigt, als stünden sie schon an Ort und Stelle. Es wird also im Bildschirm etwas anderes angezeigt, als die Linse der Kamera eingefangen hat.

Ein bisschen Gott sein

Das Beispiel man deutlich: Keine Technologie der Menschheitsgeschichte hat die ganze Welt so schnell und umfassend verändert wie die Erfindung des Smartphones. Erst 2007 stellte Steve Jobs auf einer Konferenz das erste iPhone vor, das erste massentaugliche Smartphone der Geschichte. Zehn Jahre später, im Jahr 2017, besitzen 2,32 Milliarden Menschen ein Smartphone, Tendenz stark steigend.[84] Was macht die Faszination „Smartphone" aus?

Tatsächlich vermittelt uns das Smartphone das Gefühl, in gewisser Weise allmächtig, allgegenwärtig, allwissend und zeitlos zu sein. Es gibt scheinbar keine Herausforderung mehr, die nicht mit einer App gelöst werden kann. Sei es eine Navigations-App, mit der wir in Sekundenschnelle überall auf der Welt sein können, oder die YouTube-App, über die wir per Video jeden noch so entfernten Winkel jederzeit live erleben können. Wir sind per WhatsApp überall und zu jeder Zeit erreichbar und können selbst andere Menschen erreichen. Es gibt keine Information, die wir nicht sofort über Google abrufen können, und kein Problem, das nicht schon mal irgendjemand in einem Internetforum gelöst hat. Das Auto in die Werkstatt fahren? Wozu, es gibt doch ein Helpdesk-App! Einen Kochkurs besuchen? Nicht nötig, es gibt doch Apps und Webseiten mit Tausenden von Anleitungen und Rezepten. Wir werden so unabhängig von menschlicher Hilfe, keiner, der mehr genervt reagieren könnte, weil wir mal wieder etwas nicht hinbekommen, keine Beschwerde über unsere Vergesslichkeit, weil wir mal wieder den Geburtstag verpasst haben – eine App erinnert uns freundlich daran. Die Technik mag uns, sie hat Verständnis, sie geht auf alle unsere Schwächen ein und merzt sie aus –

kompetent, freundlich und schnell. Viele Menschen fühlen sich von ihrem Smartphone einfach nett behandelt, sie bauen eine enge Beziehung dazu auf und merken gar nicht, dass sie sich dabei von den Menschen rechts und links von ihnen entfremden. Das Smartphone gleicht unseren Mangel aus, es hilft uns, dass wir uns weniger unsicher, weniger hilflos, weniger uninformiert, weniger einsam vorkommen – die IT-Industrie verdient damit Milliarden.

> Das Smartphone gleicht unseren Mangel aus, es hilft uns, dass wir uns weniger unsicher, weniger hilflos, weniger uninformiert, weniger einsam vorkommen

Wir bekommen das Gefühl, aller Einschränkungen enthoben zu sein, und merken nicht, dass wir nach wie vor in unserem Wohnzimmer sitzen und auf einen Bildschirm starren. Denn das Problem ist: Wir sind nicht Gott. Wir haben nicht seine Kraft, um alle die Aufgaben zu bewältigen, die massiv und zeitgleich auf uns einströmen; wir haben kein Gehirn, das 24 Stunden lang eine nie endende Fülle an Informationen aufnehmen und verarbeiten kann; wir haben keine Persönlichkeit, die mit hunderten von Menschen täglich in einem intensiven und persönlichen Kontakt stehen kann. Wir sind nicht Gott. Und das Smartphone macht uns auch nicht dazu. Wir sind stattdessen **überfordert** und übermüdet.

Wenn Erwachsene diese Welt schon so faszinierend finden, wie viel mehr dann Teenager, denen die Abgrenzung zwischen virtueller und realer Welt noch viel schwerer fällt, oder wie viel mehr Kinder, die diese Abgrenzung gar nicht schaffen? Es ist nicht schwer, in dem kleinen Gerät einen Gott zu sehen, der nicht einen, sondern viele Namen hat, und nicht die eine, sondern viele „Religionen" zulässt. Bei der Abhängigkeit und (Sehn-)Sucht, die viele Christen gegenüber ihrem Smartphone entwickelt haben, müsste Gott im Himmel fast neidisch werden.

Die Angst, etwas zu verpassen

„FOMO" beschreibt ein Phänomen unserer Zeit, eine neue Angst, die erst durch diese totale Vernetzung aufkommen konnte: „Fear of missing out", zu Deutsch: die Angst, etwas zu verpassen. Der Begriff beschreibt die ständige Sorge, eine soziale Interaktion z. B. auf WhatsApp, Telegram, Snapchat, Facebook. o. Ä. zu verpassen. Diese Angst wurde erst durch Handys stark – und sie belastet uns.

Fast jeder junge Bürger hat in Deutschland laut der Präventionsstudie „Zukunft Gesundheit 2015"[85] das Gefühl, permanent für Familie und Freunde erreichbar sein zu müssen; für mehr als 50 % der befragten jungen Teilnehmer sei das Leben im vergangenen Jahr anstrengender geworden. Als ein entscheidender Grund wurde die ständige Kommunikation über digitale Medien angegeben.

Wir können nicht alles gleichzeitig

„Es ist die Gleichzeitigkeit, die es kompliziert macht", sagt Björn Enno Hermans, Diplom-Psychologe und Vorsitzender der Deutschen Gesellschaft für systemische Therapie, Beratung und Familientherapie e. V. (DGSF). Man kann scheinbar alles parallel tun, aber wirklich multitaskingfähig sind wir nicht. Das zeigt z. B. die Verkehrsstatistik: Smartphones im Auto führen immer häufiger zu Unfällen. „Die digitale Welt ist eine permanente Einladung zur Überforderung", sagt Hermans. Er hält Regeln für

> „Die digitale Welt ist eine permanente Einladung zur Überforderung"

wichtig: z. B., dass beim Essen alle das Smartphone zur Seite legen. „Es ist immer die Frage des Nutzungsverhaltens." Wie kann es sein, dass die Nutzung in so vielen Familien außer Kontrolle gerät? Hermans erklärt: „Soziale Medien schaffen Aufmerksamkeit, Wertschätzung, Interaktion, Alltagsflucht. Da wird ein Belohnungssystem bedient, das Suchtstrukturen erfüllen und abhängig machen kann." [86]

Permanente Erreichbarkeit erzeugt Stress

13-jährige Schüler berichten uns in der Schule, dass die ständige Erreichbarkeit, z. B. per WhatsApp, zu Dauerstress führt. Sie können nachts schlecht schlafen, denn manche Teilnehmer sind auch nachts aktiv. Und jeder kann ja am Status erkennen, ob eine Nachricht schon gelesen wurde. Keiner will die Schlafmütze sein, die als Letzte eine Info abruft, also muss auch nachts das Handy angeschaltet bleiben, damit bei den anderen das eigene Doppelhäkchen (Status: gelesen) erscheint. Es wird ein permanenter Druck auf die Teenager erzeugt, zu jeder Zeit alles mitbekommen zu müssen. Wer nicht in der WhatsApp-Gruppe ist, ist out, bekommt nichts mit. Er ist ausgeschlossen von einem wesentlichen Teil wichtiger (und weniger wichtiger) Informationen, die das Gruppengefühl ausmachen. Deshalb wollen alle drin sein, um das zu verhindern.

In manchen Jugendgruppen ist ein extra Infodienst für die „Nicht-WhatsApper" eingerichtet worden, damit auch all die Jugendlichen alle Infos bekommen, die sich WhatsApp verweigern oder deren Handy gerade kaputt ist. Sie wären sonst von wichtigen Infos der Jugendgruppe ausgeschlossen.

Das Internet hat unser Gehirn verändert

In seinem Werk „Wer bin ich, wenn ich online bin … und was macht mein Gehirn so lange?" beschreibt der IT-Experte Nicholas Carr den Einfluss, den das Internet auf das Verhalten des Gehirns hat. In einem Experiment wurden 232 Personen mit einer Kamera beobachtet, die die Augenbewegungen beim Lesen von Webseiten aufzeichnete. Die Forscher beobachteten dabei, dass kaum ein Teilnehmer eine Webseite Zeile für Zeile las, sondern in einem Muster, das einem „F" ähnelt. Anfangs betrachtete die Mehrheit die ersten zwei bis drei Zeilen, wanderte dann ein Stück tiefer, überflog abermals ein paar Zeilen um dann an den linken unteren Teil der Seite zu wechseln. Das F-Muster beschreiben die Forscher als „F wie *fast*" (engl. = schnell). Mit erstaunlicher Geschwindigkeit wandern die Augen über die kostbaren Informationen, viel zu schnell, um sie auch zu erfassen. In einem anderen Experiment wurden Versuchspersonen 100 Tage lang beim Lesen von Webseiten beobachtet, und man maß die Zeit, die sie dort zubrachten. Die Forscher entdeckten, dass sich die Zeit, um 100 Wörter zu lesen, um 4,4 Sekunden erhöhte, aber selbst geübte Leser maximal 18 Wörter in dieser Zeitspanne lesen können. Die Schlussfolgerung ist wenig ermutigend: Die Nutzer lasen gar nicht, sondern schauten sich offenbar nur die Bilder und Videos an.

Leser von Büchern weisen große Hirnaktivitäten in den Bereichen auf, die für Sprache, Erinnerung und visuelle Verarbeitung zuständig sind; präfrontale Regionen, die eher für Entscheidungsfindung und Problemlösung zuständig sind, bleiben hingegen weitgehend ungenutzt. Bei erfahrenen Internetnutzern hingegen sind diese Regionen aktiv, das Gehirn wird wesentlich mehr gefordert. Internetsuche und Browsen beanspruchen das Gehirn ähnlich wie das Lösen von Kreuzworträtseln. Jeder Link und jeder Seitenwechsel erfordert eine kurze Entscheidung des präfrontalen Cortexes und führt zu einem sich permanent wiederholenden Wechsel von der Lese- zur Entscheidungsregion. Der Vorgang hat verändernde Wirkung: „Die Umleitung unserer geistigen Ressourcen vom Lesen zur Entscheidungsfindung kann sich für uns unmerklich vollziehen, denn unser Gehirn arbeitet schnell. Doch es hat sich gezeigt, dass Auffassungsgabe und Gedächtnis dadurch beeinträchtigt werden, besonders, wenn sich dieser Prozess regelmäßig wiederholt. In dem Augenblick, in dem sich die exklusiven Funktionen des präfrontalen Cortexes zusätzlich einschalten, wird unser Gehirn nicht nur trainiert, sondern überfordert."[87] Die Fähigkeiten des Gehirns, die reichen geistigen Verbindungen herzustellen, die beim ungestörten und reizarmen Lesen entstehen, bleiben weitgehend ungenutzt.

> Die Fähigkeiten des Gehirns, die reichen geistigen Verbindungen herzustellen, die beim ungestörten und reizarmen Lesen entstehen, bleiben weitgehend ungenutzt.

Man könnte sagen, dass unser Gehirn für diese Art des digitalen Lesens nicht geschaffen wurde. Um ein Bild zu gebrauchen: Das Gehirn nimmt jedes Paket in Empfang und schaut auch in einer Liste nach, wo es hingehört, stellt es aber nicht ins Regal. Die Folge ist ein großer Haufen nicht zugeordneter Pakete, die offiziell zugestellt wurden, faktisch aber im Weg herumliegen, das Gehirn „zumüllen" und andere Informationen blockieren.

Wikipedia ist nicht DIE WAHRHEIT

Kennen Sie den „copy-and-paste"-Reflex? Unsere Schüler beherrschen ihn perfekt. Wenn sie eine Hausarbeit oder ein Referat vorbereiten sollen, wird ein Suchbegriff einfach bei Google eingegeben, der erste Treffer angeklickt und dann der ganze Text per copy-and-paste ins Dokument eingefügt. Und fertig ist das Referat. Den Text gründlich lesen und den Inhalt wiedergeben können? Fehlanzeige!

Wenn wir im Unterricht nach der Quelle fachlicher Informationen fragen, geben Schüler häufiger mal die Antwort: „Das steht bei Wikipedia!" Es ist erschreckend, wie leichtgläubig und naiv Schüler Informationen aus dem Internet übernehmen und unhinterfragt für wahr halten, es steht ja immerhin im Internet! Woher haben sie das? Es ist eine Art Denkfaulheit, dass viele sich nicht die Mühe machen wollen, Informationen gründlich auf ihren Wahrheitsgehalt zu prüfen und Texte selbständig zu verfassen. Es ist schlicht bequem, das nicht zu tun und naiv darauf zu vertrauen, dass schon richtig sei, was andere mit Überzeugung behaupten.

Postfaktisch war das Wort des Jahres 2016. *Post* kommt von lat. „nach", und *faktisch* heißt „auf Tatsachen beruhend". Das Wort legt das Augenmerk auf den tiefgreifenden Wandel, der sich im Nachrichtenwesen vollzogen hat: Es geht in gesellschaftlichen Diskussionen zunehmend um Emotionen und nicht mehr um Fakten. Nicht der Anspruch auf Wahrheit, sondern das Aussprechen der gefühlten Wahrheit führt heute zum Erfolg.

> Es geht in gesellschaftlichen Diskussionen zunehmend um Emotionen und nicht mehr um Fakten.

Man kann mit Nachrichten auf zweierlei Weise umgehen: Entweder man nimmt an, dass eine

Aussage wahr ist, bis Zweifel daran aufkommen, oder man zweifelt grundsätzlich an dem Wahrheitsgehalt, bis Fakten ihn erhärten.

Es gibt nichts, was sich nicht perfekt fälschen lässt: Videos, Fotos, Dokumente, Berichte, alles kann manipuliert werden. Ob es um falsche Videos aus dem Irakkrieg geht, die das ZDF veröffentlicht hatte, oder russische Desinformation über *Russia Today*, ob tendenziöse Einträge in Wikipedia oder Fake News á la Donald Trump: Es ist klüger, davon auszugehen, dass eine Information eher nicht stimmt, als dass sie wahr ist. Bewertungen („Sterne") auf Amazon und eBay werden gekauft, Google zeigt unter den ersten Treffern bezahlte Links an, Cookies verfolgen das Surfverhalten der Nutzer, um gezielt Werbung zuzuspielen. Wir werden verfolgt, ausgehorcht, bewertet und manipuliert.

Die Bibel ist hier aktueller als die Nachrichtentechnik von morgen. Was macht eine Information glaubwürdig? Johannes schreibt: „Was *von Anfang an war*, was wir *gehört*, was wir mit unseren *Augen gesehen*, was wir *angeschaut* und unsere *Hände betastet* haben vom Wort des Lebens" (1Jo 1,1). Es ist die alte Methode der Zeugen! Glaubwürdiger geht es nicht auf der Erde. Wir können Kindern diese Prüfkriterien mitgeben, um Nachrichten zu prüfen:

» Bestätigen vertrauenswürdige Menschen die Nachricht?

» Wenn du es nüchtern betrachtest: Ist es logisch und sinnvoll, was jemand behauptet?

» Hast du dich mit anderen ausgetauscht und nach weiteren Quellen gefragt?

» Stimmt das, was jemand behauptet, mit den Tatsachen der Bibel überein, und entspricht es dem Geist Jesu?

Wir glauben an die Wahrheit und dass sie sich finden lässt. Unsere Kinder benötigen dabei unsere Unterstützung.

Durst der Seele

Die Faszination Smartphone drückt einen Durst der Seele aus. Es ist der Durst nach Zugehörigkeit (FOMO – immer informiert sein müssen), der Durst nach Geltung und Bestätigung, der sich z. B. in der Spielsucht ausdrückt, der Durst nach Entspannung und Spaß, der sich im Dauersehen von YouTube-Videos zeigt, der Durst nach Neuem, wie ihn Nachrichtensüchtige empfinden, der Durst nach Freiheit, die in der Anonymität gesucht wird, und der Durst nach der Antwort auf die Fragen „Wer bin ich, wenn ich alleine bin?" und „zu wem gehöre ich, wenn ich offline bin?", der in sozialen Netzwerken gestillt werden soll.

> Die Faszination Smartphone drückt einen Durst der Seele aus. Es ist der Durst nach Zugehörigkeit.

Die Frage ist nur: Wer stillt diesen Durst? Jesus sagt in Joh 4,14: *„Wer aber von dem Wasser trinken wird, das ich ihm geben werde, den wird nicht dürsten in Ewigkeit."*

Digitale Medien sind wie Salzwasser, sie stillen den Durst kurzfristig, verschlimmern dann aber den Mangel. Die Begierde in uns ist kein Bedarf, den wir bedienen müssen, sondern ein Übel, das wir beseitigen müssen (Eph 4,22). Die Befriedigung dieser Begierden mit den Mitteln der Welt richtet uns zugrunde. Die Begierde soll getötet werden (Kol 3,5), weil sie bereits mit Christus verurteilt ist (Gal 5,24); sie ist von kurzer Dauer. Den Willen Gottes dagegen zu tun erfüllt bis in Ewigkeit (1Jo 2,17). Es braucht ein neues Denken, einen neuen Menschen, der sich nach Gerechtigkeit und Heiligkeit ausrichtet, der seine Quelle in Christus hat. Es braucht unsere Entscheidung, das Leben in Christus auch leben zu wollen!

> Digitale Medien sind wie Salzwasser, sie stillen den Durst kurzfristig, verschlimmern dann aber den Mangel. Die Begierde in uns ist kein Bedarf, den wir bedienen müssen, sondern ein Übel, das wir beseitigen müssen.

Wenn der wirkliche Durst der Seele in Jesus gestillt ist, kann auch ein gelassener Umgang mit digitalen Medien gelingen. Der Herr Jesus sagt: *„Und wen dürstet, der komme! Wer da will, nehme das Wasser des Lebens umsonst!"* (Offb 22,17).

Die reale Welt zurückgewinnen

Kinder haben ein Recht auf Eltern, die ihnen zuhören und dabei nicht aufs Smartphone schauen – sondern in die Augen. Das gilt auch für Partner untereinander. *Schau mir in die Augen, Kleines.*

Nicht aufs Smartphone. Dann muss Facebook auch nicht länger ein Scheidungsgrund sein.

Seien wir ehrlich: Wie oft haben wir schon auf einen Bildschirm gestarrt und gleichzeitig mit dem Kind oder der Person neben uns gesprochen? Es sind diese kleinen Gesten, die Beziehungen in der realen Welt wertvoll machen: sich in die Augen schauen, alles andere bei Seite legen, exklusiv Zeit für den realen Menschen neben sich haben.

Dafür braucht es Smartphone-freie Zeiten. Die gemeinsamen Mahlzeiten sollten grundsätzlich bildschirmfrei sein und auch nicht zu schnell beendet werden. Manche Teens halten es kaum aus, auf das Ende des Mittagessens warten zu müssen, bis sie endlich wieder online sind. Wenn aber vereinbart wird, dass das Mittagessen eine halbe Stunde dauert, egal, wie schnell gegessen wird, und erst dann der Alltag weitergeht, hat das gleich mehrere gute Effekte: Kinder essen langsamer, weil sich die Eile sowieso nicht lohnt, und es bleibt Zeit für echtes Gespräch. Wie war es in der Schule? Wie geht es XY in der Klasse? Welche Termine stehen heute an? Wie planst du deinen Tag heute? Was ist gerade so Gesprächsthema?

Regeln und Zeiten sind notwendig und helfen

Die Medienzeit muss durch Eltern begrenzt werden, Kinder und Jugendliche können das in der Regel nicht selbst kontrollieren. In manchen Familien gibt es eine Smartphone-Station. Alle legen ihr Gerät an diesen festen Platz, z. B. im

Wohnzimmer, wenn es nicht benutzt wird. Medienzeit wird dadurch kontrolliert, dass das Smartphone hier abgeholt und nach einer festgelegten Zeit wieder dort hingelegt wird. Ab 20 Uhr muss es dort liegen, ca. 1,5 Stunden vor dem Schlafengehen sollten das Smartphone und andere Bildschirme (TV, PC etc.) nicht mehr benutzt werden, damit das Gehirn zur Ruhe kommen kann. Ein Buch zu lesen, etwas zu malen, während im Hintergrund ein Hörspiel läuft, sind gute Möglichkeiten, um „runterzukommen". Solange Kinder es mögen, ist das abendliche Vorlesen von biblischen Geschichten oder guten Kinderbüchern die beste Art, um die kindlichen Seelen zu fokussieren und Ruhe einkehren zu lassen. Das den Tag abschließende Gespräch mit den Eltern und das gemeinsame Gebet stärken das Zugehörigkeitsgefühl der Kinder zu ihren Eltern und werden von ihnen dankbar als exklusive Zeit mit Papa oder Mama wahrgenommen.

In manchen Familien schließen Eltern mit ihren Kindern einen Medienvertrag ab. Darin verpflichten sich die Eltern zur Bereitstellung und Wartung der Technik (z. B. Internet, PC, Smartphone) und die Kinder zur Einhaltung bestimmter Regeln bzgl. der Medienzeit, der Inhalte, des Zwecks der Gerätenutzung. Verstoßen Kinder gegen den Vertrag, wird die Medienzeit reduziert, ggf. das Gerät eingezogen. Halten sie sich dagegen an die Abmachungen, kann die Nutzungszeit ausgeweitet oder können andere Einschränkungen reduziert werden.

Es muss uns klar sein, dass sich der Medienkonsum nicht vollständig kontrollieren lässt, dafür sind die Möglichkeiten der Kinder und Teens zu vielfältig. Wenn sie es zu Hause nicht dürfen, gehen sie halt zum Freund/zur Freundin. Es macht also nur Sinn, ihnen ein Verständnis vom Nutzen der Absprachen zu vermitteln. Eltern können Kindern sagen: „Regeln sinnvoll sind, weil

» sie dich davor schützen, dass du überfordert wirst,

» sie dich davor schützen, dass deine Gefühle Schaden nehmen,

» sie dich vor Gruppendruck und Stress bewahren sollen,

» sie dich in der realen Welt halten, damit du dich in der virtuellen nicht verlierst und süchtig wirst."

Mit einmalig vereinbarten Regeln ist es allerdings nicht getan. Gerade Jungs versuchen permanent, ihre Grenzen zu erweitern. Wenn wir den Kampf um unsere Kinder und gegen die Medien gewinnen wollen, kostet uns das Zeit, Kraft und Geld.

Zeit für Aktivitäten in der realen Welt, besonders von Vätern mit ihren Kindern (Mütter sind hier initiativer), Zeit für Gespräche zwischendurch und für die Verfügbarkeit der Eltern. Es kostet Kraft, immer wieder neu zu verhandeln, sich Diskussionen um das Wozu, Wofür, Wie lange und Womit zu stellen, und die Kinder sich nicht mit ihren Geräten selbst zu überlassen. Und es kostet Geld, weil attraktive Alternativen auch den Geldbeutel betreffen. Wenn Kinder zum Abenteuerspielplatz gefahren werden müssen oder zum Sportverein oder die Eintritte für einen Kletterpark oder das Schwimmbad anfallen, kostet das Geld. Auch Modellbau-Sets, Sportgeräte für zu Hause, Malen-nach-Zahlen-Bilder, Schnitz-zubehör oder eine Nähmaschine fürs Patchworken kosten Geld. Nicht bei allen Kindern müssen Eltern tief in die Tasche greifen, sollten sie aber den Verdacht haben, dass Kinder vereinsamen oder sich in der Bildschirmwelt verlieren, bleibt nur die Investition in attraktive – reale – Hobbys und Aktivitäten.

Ja – aber …

Kinder sind verschieden. Manche tun sich mit festen Regeln sehr schwer und versuchen ständig nachzuverhandeln. Manchmal ist es bei der Absprache von Regeln besser, eine „Ja–aber-Strategie" zu verfolgen, als ein klares „Nein" oder „Ja" auszusprechen. Jungs dürfen dann z. B. eine gewisse Zeit an die Konsole, ABER erst, wenn die Hausaufgaben gemacht sind und sie die Küchenarbeit erledigt haben. Oder sie dürfen den Film sehen, müssen ABER vorher den

Manchmal ist es bei der Absprache von Regeln besser, eine „Ja-aber-Strategie" zu verfolgen, als ein klares „Nein" oder „Ja" auszusprechen.

Rasen mähen. Das ABER kann nützliche Tätigkeiten umfassen, aber auch Zeitgrenzen. So wird Medienzeit erlaubt und gleichzeitig eingeschränkt. Eltern bleiben so flexibel in der Absprache. Das hat den Vorteil, mit dem Kind im Gespräch zu bleiben. Auch wenn Eltern gerne ihre Ruhe hätten und das lästige Thema lieber los wären, ist ihnen langfristig besser damit geholfen, die Kraft jetzt für diese Verhandlungen aufzuwenden, statt das Kind sich selbst zu überlassen (immer Ja) oder es in die Heimlichkeit zu treiben (immer Nein).

Gefahren aufzeigen

Bestimmte Dinge dürfen Eltern auch verbieten, wenn sie nachweislich gesundheitsschädlich sind und Suchtpotenzial enthalten. Dazu zählen Online-Fantasy-Rollenspiele wie „World of Warcraft", sogenannte MMORPGs[88]. In dieser Form der Onlinespiele werden den Nutzern jeweils bestimmte Rollen zugewiesen, die sie in einer Gruppe ausfüllen müssen. Viele dieser Games sind so aufgebaut, dass alle Spieler zur selben Zeit online sein müssen, damit die Gruppe erfolgreich sein kann. Versäumt jemand eine Einsatzzeit, kann die Gruppe verlieren. Der Gruppendruck ist hier enorm hoch. In der Rolle als Krieger, Schurke, Priester oder Hexenmeister warten, befreit von allen menschlichen Bedürfnissen wie Hunger, Durst oder Schlaf, Abenteuer in unendlichen Welten. Bereits 2008 galten 20 % der Nutzer von WoW als süchtig, wie eine Studie des Bundesministeriums für Gesundheit herausfand. Das Spiel wirkt auf die Nutzer wie Kokain.[89]

Nicht alle Onlinespiele wirken jedoch so stark wie WoW. Ob ein Spiel für ein Kind geeignet ist oder nicht, sollten Eltern zunächst mit einer Recherche oder Anfrage bei Beratungsstellen ermitteln. Bei unbekannten Spielen können ein paar allgemeine Regeln helfen:

1. selbst informieren,
2. selbst ausprobieren,
3. selbst kontrollieren.

WhatsApp & Co

Instant Messenger wie WhatsApp, Telegram oder Threema lassen die Welt zusammenschrumpfen. Es spielt keine Rolle, wo man sich gerade aufhält, per WhatsApp ist man überall erreichbar. Das kann Segen und Stress zugleich sein. Die AGBs von WhatsApp wurden 2016 für Deutschland geändert, das Mindestalter auf 13 Jahre herabgesetzt, in den USA gelten weiterhin 16 Jahre. Dahinter steckt vermutlich mehr wirtschaftliches Kalkül als die Erkenntnis der Unbedenklichkeit für Teenager.

Selbst Erwachsene erliegen immer wieder der Versuchung, Konflikte über WhatsApp klären zu wollen oder großen Gruppen Nachrichten zu schicken, die sie einen Moment nach dem Absenden bereuen. Die Hürde, sich mitzuteilen, ist sehr gering – zu gering für Kinder und Teenager. Sie sind mit dem Medium schlicht überfordert. Eltern müssen hier einschreiten und den zu frühen Umgang damit untersagen. FOMO wird vor allem durch Dienste wie Facebook und WhatsApp erzeugt und schadet den Teenagern.

Wir erleben in der Schule immer wieder Mobbingfälle per WhatsApp. Die scheinbar anonymen Chats verändern das Verhalten der Schüler. WhatsApp hat auf sie eine ähnliche Wirkung wie Alkohol: Sie reagieren enthemmt und euphorisiert. Was sie laut nie oder zumindest nicht so sagen würden, schreiben und posten sie ohne nachzudenken über WhatsApp. Die Faszination darüber, irgendwie mit anderen verbunden zu sein, übersteigt das Verständnis für den Sinn dahinter. Wir können uns in der schulischen Praxis der Begeisterung mancher Befürworter nicht anschließen, wenn sie äußern, Schüler müssten lediglich einen guten Umgang damit lernen. Die Wahrheit ist, dass man Kinder bis zu einem bestimmten Alter schlicht davon fernhalten muss, um sie zu schützen.

> WhatsApp hat auf viele Nutzer eine ähnliche Wirkung wie Alkohol: Sie reagieren enthemmt und euphorisiert.

Wenn der erste WhatsApp-Account eingerichtet wird, sollte Kindern von vornherein die Illusion der Anonymität genommen werden, und Eltern sollten vereinbaren, regelmäßig die Chats lesen zu dürfen, zumindest aber darüber zu sprechen. Wir können Teens sagen, dass sich ihr „Reden" im Schreibgespräch nicht vom Reden Auge in Auge unterscheiden soll. Was sie jemandem nicht ins Gesicht sagen, sollten sie auch nicht auf

WhatsApp oder im Netz äußern. Auch hier gilt: *„Goldene Äpfel in silbernen Prunkschalen, so ist ein*

> Was sie jemandem nicht ins Gesicht sagen, sollten sie auch nicht auf WhatsApp oder im Netz äußern.

Wort, geredet zu seiner Zeit" (Spr 25,11) oder *„Denn wer das Leben lieben und gute Tage sehen will, der halte Zunge und Lippen vom Bösen zurück, dass sie nicht Trug reden"* (1Petr 3,10).

Medienzeit

Medienprägung findet nicht nur im kleinen Kreis der Familie statt. Das Smartphone ist so etwas wie ein Kulturgut geworden; es ist selbstverständlich und längst nicht mehr nur Statussymbol. Wir erleben in der Schule wahre Nervenzusammenbrüche, wenn Lehrer Schülerhandys einziehen und nur den Eltern wieder herausgeben. Schüler brechen in Tränen aus, als hätte man ihnen Gliedmaßen abgetrennt. Tatsächlich sind Smartphones in einer Weise Teil der „Ausrüstung" von Heranwachsenden geworden, dass es sehr schwer ist, einen Zeitpunkt zu finden, zu dem sie ein Smartphone haben dürfen – denn alle anderen haben ja auch eins! Und sie brauchen es unbedingt! Dieser starke Gruppendruck macht es für Eltern und Erzieher so schwer, den Kindern aus guten Motiven etwas zu verweigern, das ihnen einerseits in zu jungen Jahren schaden kann, ohne das sie andererseits aber auch ausgegrenzt werden.

Online-Elternratgeber wie schau-hin.info oder klicksafe.de empfehlen:

» Kindergartenalter, 4 bis 6 Jahre: kein Smartphone/Internet, max. ½ Std. TV/Video pro Tag, z. B. ausgewählte Naturfilme

» Grundschulalter, bis ca. 12 Jahre: kein eigenes Smartphone, Internet unter Aufsicht, max. 1 bis 1,5 Std. pro Tag, Filme nach FSK[90]

» Teenageralter von 13 bis 16 Jahren: ein eigenes Smartphone nur mit Auflagen (u. a. zentraler Ablageplatz), max. 1,5 bis 2 Std./Tag, Filme nach FSK

» Jugendalter: Ab 16 Jahren müssen Jugendliche lernen, eigenverantwortlich mit den Geräten umzugehen. Eltern können dennoch einen Internetfilter einrichten und somit zumindest einen rudimentären Schutz gewährleisten. Außerhalb der eigenen Wohnung wirkt allerdings auch dieser Schutz nicht.

Was tun bei Mobbing?

Cybermobbing hat viele Gesichter und stellt für Opfer einen schlimmen Angriff auf ihre Würde dar. Seien es direkte Beleidigungen über WhatsApp oder Facebook, das Verbreiten peinlichen Bild- oder Videomaterials, das Anlegen von Fake-Profilen oder das bewusste Ausschließen aus der gemeinsamen WhatsApp-Gruppe – immer sind die Opfer relativ hilflos und sehen sich vor einer größeren Öffentlichkeit blamiert.

Laut einer JIM[91]-Studie kennt jeder Dritte (34 %) der 12- bis 19-Jährigen jemanden, der im Internet oder per Handy fertiggemacht wurde, Mädchen (37 %) häufiger als Jungen (31 %). Die Täter stammen dabei mehrheitlich (55 %) aus dem sozialen Umfeld der Schule. Oft sind die Grenzen zwischen Betroffenen und Beteiligten fließend: Mehr als ein Drittel der Schüler, die andere mobben, wurde selbst auch schon gemobbt.[92]

Wir stellen in der Schule fest, dass Kinder häufig erst sehr spät oder gar nicht melden, dass sie Ziel einer Attacke geworden sind. Sie leugnen die Wirkung der Beleidigungen und sind oft sehr leidensbereit, oft zu sehr. Eltern bemerken die Belastung an einer verschwundenen Fröhlichkeit; die Kinder erzählen kaum noch von der Schule, haben Schlafstörungen, Angst oder entwickeln Depressionen. Sie klagen häufig über Bauchschmerzen und wollen nur sehr ungerne zur Schule gehen, möchten nicht auf Klassenfahrten mitfahren und meiden plötzlich den PC oder das Handy.

Oft haben sie ein schlechtes Gewissen, obwohl sie Opfer sind und nichts für die Bosheiten können, die ihnen widerfahren. Deswegen sollten Eltern auf jeden Fall Verständnis zeigen und dem Kind Hilfe zusagen, nicht mit ihm schimpfen. Kinder können solche Situationen oft nicht alleine bewältigen, die Eltern müssen aktiv werden. Neben einer Information der Klassenlehrer kann auch ein klärendes Gespräch mit den Eltern des Täters oder der Täterin sinnvoll sein. Oft wissen die nämlich gar nicht, was ihr Sprössling da gerade hinter ihrem Rücken treibt.

Viele Beleidigungen über das Internet sind Straftaten und anzeigefähig. Sollte das gezielte Mobbing nicht durch Gespräche zu klären sein, sollte eine Anzeige bei der Polizei erfolgen. Hierzu müssen Eltern erst einmal den Mut aufbringen, sie sollten

> Viele Beleidigungen über das Internet sind Straftaten und anzeigefähig.

sich aber klarwerden, dass ihr Kind diese Hilfe braucht. Jetzt können WhatsApp und Facebook gezwungen werden, Beiträge zu löschen oder Konten von Tätern zu sperren. Vor der Anzeige sollten Eltern Beweise gesichert haben (z. B. Bildschirmfotos) und das Handy des Kindes nicht verändern (z. B. keine Chats löschen). Die dort hinterlegten Informationen können von der Polizei ausgelesen und ausgewertet werden.

Der Vertrag mit Gregory
Mit der Herausforderung der richtigen Mediennutzung hat sich offensichtlich auch die amerikanische Bloggerin Janell Burley Hofmann beschäftigt, bevor sie ihrem 13-jährigen Sohn ein iPhone unter den Weihnachtsbaum legte. Sie verfasste dazu einfach einen eigenen Vertrag mit 18 Regeln, an die sich Gregory in Zukunft (lieber) halten sollte.

1. Es ist mein Smartphone. Ich habe es gekauft. Ich zahle dafür. Ich leihe es Dir. Bin ich nicht die Beste?

2. Ich will immer das Passwort wissen.

3. Wenn es klingelt, nimm ab. Es ist ja schließlich ein Telefon. Melde dich mit „Hallo" und stell deine gute Kinderstube unter Beweis. Ignoriere keinen Anruf, wenn „Mama" oder „Papa" im Display angezeigt wird. Niemals.

4. Während der Woche gibst Du Dein Handy jeden Abend um 19:30 Uhr und an den Wochenenden um 21 Uhr an einen von uns ab. Nachts wird es ausgeschaltet und erst morgens um 7:30 Uhr wieder eingeschaltet. Wenn Du jemanden nicht auf dem Festnetz anrufen magst, weil dort die Eltern rangehen könnten, dann melde Dich gar nicht erst. Nimm Dein Bauchgefühl ernst, denn andere Familien wollen auch respektiert werden.

5. Du nimmst das Smartphone nicht mit in die Schule. Unterhalte Dich lieber persönlich mit den Leuten, mit denen Du sonst texten würdest. Damit lernst Du etwas fürs Leben. Für kürzere Schultage, Ausflüge oder außerschulische Aktivitäten finden wir eine Sonderregelung.

6. Wenn Du das Telefon die Toilette runterspülst, es auf den Boden fällt oder sich einfach in Luft auflöst, bist Du für Reparatur bzw. Ersatz verantwortlich. Du kannst Rasen mähen, babysitten oder einfach Dein Geburtstagsgeld sparen,

denn irgendwas wird garantiert passieren. Sei also besser vorbereitet.

7. Benutz die Technik nie, um einen anderen Menschen zu belügen, hereinzulegen oder zu betrügen. Beteilige Dich nicht an Unterhaltungen, die andere verletzen könnten. Sei ein guter Freund und halte Dich aus Streitigkeiten heraus.

8. Schreib in einer Textnachricht oder E-Mail nichts, was Du demjenigen nicht auch persönlich sagen würdest.

9. Schreib in einer Textnachricht oder E-Mail nichts, was Du demjenigen nicht auch in Gegenwart seiner Eltern sagen würdest. Zensiere Dich selbst!

10. Keine Pornografie. Such im Internet nur nach Sachen, über die Du auch offen mit mir reden würdest. Wenn Dir irgendetwas unklar ist, frag jemanden – am besten Deinen Vater oder mich.

11. Mach es aus, stell es auf lautlos oder steck es weg, wenn Du Dich an einem öffentlichen Ort befindest. Das gilt vor allem in einem Restaurant oder Kino und wenn Du Dich gerade unterhältst. Du bist schließlich nicht unhöflich. Lass nicht zu, dass das iPhone Dich dazu macht.

12. Verschick keine Fotos deiner Geschlechtsteile und lass Dir auch keine entsprechenden Bilder schicken. Lach nicht. Eines Tages wirst Du trotz Deiner hohen Intelligenz in diese Versuchung geraten. Das Risiko ist zu hoch, dass es Dein Leben als Teenager/Student/Erwachsener ruiniert. Es ist immer eine schlechte Idee. Der Cyperspace ist riesig und viel stärker als Du. Solche Bilder kann man kaum jemals wieder löschen – auch Dein schlechter Ruf bleibt bestehen.

13. Mach bitte keine Zigtausend Bilder und Videos. Man muss nicht alles dokumentieren. Lebe Deine Erfahrungen lieber. In Deinem Gedächtnis bleiben sie auf ewig gespeichert.

14. Lass Dein Handy ab und an auch einmal zu Hause und fühl Dich dabei sicher. Es ist kein Lebewesen und auch kein Teil von Dir. Lerne, auch ohne Smartphone zu leben. Überwinde die Angst, etwas zu verpassen.

15. Lad Dir Musik runter, die nicht in den Charts läuft. Klassiker oder einfach etwas anderes als das das ewig gleiche Gedudel, was sich Millionen Deiner Altersgenossen anhören. Der Zugang zu Musik ist für Deine Generation so leicht wie nie zuvor. Nutze dieses Geschenk und erweitere Deinen Horizont.

16. Spiel ab und an auch mal ein Spiel mit Wörtern, mach ein Puzzle oder lös Denksportaufgaben.

17. Halt die Augen offen. Sieh die Welt um dich herum. Starr aus dem Fenster. Hör den Vögeln zu. Geh spazieren. Sprich mit Fremden. Mach Dir Gedanken über etwas, ohne alles zu googeln.

18. Du wirst es vergeigen. Daraufhin werde ich Dir das Telefon wegnehmen. Dann setzen wir uns hin, reden darüber und fangen von vorn an. Wir sind beide Lernende. Ich spiele in Deinem Team. Zusammen schaffen wir das.[93]

Fazit

Die digitale Welt ist Teil der Realität von Kindern und Jugendlichen. Sie halten sich heute wie selbstverständlich in beiden Welten auf, sie sind ihnen wie verschmolzen. Allerdings kommen sie ohne Hilfe der Erwachsenen damit nicht gut zurecht. Sie benötigen Orientierung durch Regeln und Absprachen. Eltern müssen Zeit, Kraft und Geld investieren, damit sich ihre Kinder – besonders die Jungen – nicht in der digitalen Welt verlieren. Kinder brauchen Begleitung im Umgang mit sozialen Messengern wie WhatsApp, bei Online-Spielen, bei der Reaktion auf Mobbing, auch bei der Kontrolle ihrer Zeit. Eltern müssen wachsam sein und sollten das vertraute Gespräch mit ihren Kindern suchen, denn bloße Verbote führen nur zu Heimlichkeit.

Eine zu frühe Selbständigkeit führt nicht zu Reife, sondern zu Überforderung. Eltern müssen

> Eine zu frühe Selbständigkeit führt nicht zu Reife, sondern zu Überforderung.

sich über Medien informieren, selbst Erfahrungen sammeln und den eigenen Gebrauch kontrollieren, damit sie ihre Kinder zu einem zweckmäßigen Umgang mit der digitalen Welt ermutigen können.

6. Eltern und Schule – Duell oder Duett?

Charakterprägung – das Bildungsziel der Zukunft

Zunächst soll Eltern christlicher Prägung der Mut zugesprochen werden, dass sie mit einer an biblischen Werten orientierten Erziehung auch schon die wesentlichen Voraussetzungen für die Bildung ihrer Kinder geschaffen haben. Die Bildung der Zukunft wird nicht ausschließlich in der Wissensvermittlung bestehen, auf die Schulen heute spezialisiert sind, sondern in der Charakterbildung. Unternehmen halten heute weniger nach Schülern Ausschau, die sich mit exzellenten Noten bewerben, sondern nach jungen Menschen, die mit Ausdauer, Pünktlichkeit, Fleiß, Disziplin und Zuverlässigkeit punkten können. Die neuen Medien wie Google und Co machen den Lehrer als Wissensvermittler teilweise überflüssig. Bei der Explosion an Wissen kann das Ziel einer Allgemeinbildung nicht mehr erreicht werden und muss es auch nicht: Wissen und Informationen sind für jedermann

> Zunächst soll Eltern christlicher Prägung der Mut zugesprochen werden, dass sie mit einer an biblischen Werten orientierten Erziehung die wesentlichen Voraussetzungen für die Bildung ihrer Kinder geschaffen haben.

in Sekundenschnelle abrufbar. Viel mehr werden Charaktereigenschaften gesucht, die ja irgendwo geformt werden müssen. Die Schule ist allerdings weder von ihrem Personal, der Ausbildung der Lehrer, den Schulbüchern noch der Wahrnehmung auf diesen Paradigmenwechsel eingestellt. Es wird immer noch gedacht: Das muss in den Kopf, die Person ist nicht so wichtig.

In ihrem Buch „Charakter – Worauf es bei Bildung wirklich ankommt" stellen Petra Gerster und Christian Nürnberger erstaunt fest, dass zu diesem Thema fast keine Literatur veröffentlicht wird. Charakterbildung sei in unserem Land schlicht kein Thema und im Rückblick auf die Literaturliste der zentralen deutschen Archivbibliothek auch in der Vergangenheit keins gewesen.[94] Zwar würde in der Zeitung täglich über die Folgen von inneren Haltungsschäden und Charaktermängeln berichtet, aber der vielbeschworene „mündige Bürger", den Schulen erziehen sollten, fände sich leider vor allem in den Sonntagsreden von Politikern. Werktags sei der Mensch eher unbelehrbar, infantil, unreif, egoistisch, beziehungsunfähig, mit einem defekten Gewissen und mit einem kurzen Gedächtnis ausgestattet.

Was können Eltern hier tun? Alles! Die Familie ist die Charakterschule des Westens. In ihr werden Persönlichkeiten geformt und Gesellschaften verändert. Wenn wir gleich über Schule sprechen,

> Die Familie ist die Charakterschule des Westens. In ihr werden Persönlichkeiten geformt und Gesellschaften verändert.

müssen wir Lehrern eins zugutehalten: Bisher wurde ihnen verschwiegen, dass sie am Bedarf der Gesellschaft vorbei erziehen und dass sie diese Aufgabe ohne die Eltern auch niemals erfüllen werden. Gehen die Familien unter, werden es die Schulen auch tun; kein Lehrer kann ein Kind weiter bringen, als es die Eltern tun können. Versagt das Elternhaus, versagt auch die Schule. Nur wahrhaben will das bisher kaum jemand.

> Kein Lehrer kann ein Kind weiter bringen, als es die Eltern tun können. Versagt das Elternhaus, versagt auch die Schule.

Dass nicht Wissen, sondern Haltung und Charakterbildung und sogar der Glaube vorrangige Aufgaben von Schule sind, macht die Landesverfassung von NRW in Artikel 7 deutlich. Dort heißt es: *„(1) Ehrfurcht vor Gott*, Achtung vor der Würde des Menschen und Bereitschaft zum sozialen Handeln zu wecken, ist vornehmstes Ziel der Erziehung. (2) Die Jugend soll erzogen werden im Geiste der Menschlichkeit, der Demokratie und der Freiheit, zur Duldsamkeit und zur Achtung vor der Überzeugung des anderen, zur Verantwortung für Tiere und die Erhaltung der natürlichen Lebensgrundlagen, in Liebe zu Volk und Heimat, zur Völkergemeinschaft und Friedensgesinnung."

Bildung – das Experimentierlabor der Politik

Lehrer haben es nicht leicht. Nicht, weil sie Kritik nicht ertragen könnten oder weil sie sich für unfehlbar halten, sondern weil auf ihrem Rücken immer wieder große „Reformen" ausgetragen werden, die Unmengen ihrer Arbeitszeit und Energie verschlingen und sich letztlich als untauglich und verfehlt erweisen. Es ist nicht verwunderlich, dass viele Lehrer irgendwie aufgegeben haben. Dabei ist ihre Motivation das A und O für eine Schule, die leistungsfähige, lebenstüchtige und charakterstarke Kinder hervorbringen soll.

Bildung zählt heute zu den prestigeträchtigen Bereichen, mit denen sich Länder national und international vergleichen. Bis zum Jahr 2000 hatte es zwar auch vergleichende Studien zur Bildung verschiedener Länder gegeben, aber erst die Untersuchungen der OECD (Organisation für Sicherheit und Zusammenarbeit in Europa) löste den sogenannten „PISA-Schock" aus. PISA war ein Forschungsprogramm zum Vergleich von Schülerleistungen gegen Ende der Schulzeit, also in der 9. Klasse, von 15-jährigen Schülern. Deutschland landete bei dem ersten Test im Jahr 2000 und in den Tests darauf nur im unteren Mittelfeld, das war für das Land der Dichter, Denker und Ingenieure eine unangenehme Überraschung und für die Bildungspolitik nicht hinnehmbar. Also wurde nach Reformen gesucht, und man meinte, in Finnland fündig geworden zu sein.

Sackgasse „individuelle Förderung"

Die Finnen belegten bei der ersten Untersuchung den ersten Platz. Ein Land in Europa. Das beeindruckte auch die deutschen Bildungsforscher, da man sich mit Ländern wie Südkorea oder Japan, die auch vordere Plätze belegten, nicht vergleichen wollte. In Asien vermittelt man Bildung mit der verschmähten „Paukpädagogik", die man in Deutschland Ende der 70er-Jahre mit Stolz hinter sich gelassen hatte. Schüler sollten stattdessen Freude am Lernen haben. Disziplin, Fleiß, Gehorsam, Anstrengungsbereitschaft, Frontalunterricht und Lernen im Gruppenverband galten als überholt und unmodern. Wir wollten weiter sein.

Die Finnen mussten etwas richtig gemacht haben, das galt es nun herauszufinden und nachzuahmen. Finnland wurde also zum Reiseziel der Bildungspolitiker, nicht nur aus Deutschland. Was man dort in den Schulen erlebte, bestätigte den politischen Mainstream: individuelle Förderung, längeres gemeinsames Lernen, die Abschaffung der Förderschulen. Lehrer standen dort nicht an der Tafel und referierten, während die Schüler mitschrieben, sondern antiautoritäre Erziehung und Gruppenarbeit standen im Vordergrund; der Lehrer war zum Lernbegleiter zurückgestutzt worden. Die Beobachtungen wurden schnell zur neuen Leitlinie erhoben und flugs in die Schulgesetze der Bundesländer übernommen. Das Land NRW schrieb z. B. jedem Kind ein „Recht auf individuelle Förderung" ins Gesetz. Im Rahmen der Kultusministerkonferenz wurden deutschlandweit Kernlehrpläne entwickelt, die ab 2004 die finnischen Erkenntnisse bundeslandübergreifend umsetzen.

Ein Unicef-Report aus dem Jahr 2007[95] kam dann zu dem Ergebnis, dass Schüler in keinem Land weniger gerne zur Schule gingen als in Finnland. Das passte nicht ins gelobte Bild einer Lern- und Lebensfreude vermittelnden Schule.

Wie erklärt sich das? Als sich Deutschland auf den Weg machte, um Finnland zu kopieren, war dessen eigene Reform des Schulwesens bereits umgesetzt, aber noch nicht richtig wirksam. Während Finnland in den alle drei Jahre stattfindenden PISA-Tests auch noch 2003 sehr gute Ergebnisse vorweisen konnte, sackte das Land danach kontinuierlich ab. „Vergleicht man die PISA-Ergebnisse Finnlands der Jahre 2003 und 2012, dann sieht man, dass das Land 25 Punkte eingebüßt hat. Das entspricht dem Lernerfolg eines ganzen Schuljahrs", sagt Christine Sälzer, nationale PISA-Koordinatorin von der TU München. Zwar liegt Finnland damit noch immer über dem OECD-Durchschnitt, die Fallhöhe ist jedoch bemerkenswert. Die Zeitverschiebungen zwischen Reform und sinkenden Testergebnissen erklären sich aus der Zeit, die Reformen benötigen, um wirksam zu werden. „Wir sprechen in der Bildungsforschung davon, dass es mindestens zehn bis 15 Jahre dauert, bis Veränderungen sichtbar werden", sagt Sälzer.

Was man bei aller Euphorie nicht bedacht hatte, war: Die sehr guten Ergebnisse Finnlands waren eben genau jener verschmähten „Paukpädagogik" zu verdanken, die es in Finnland bis zu einer großen Schulreform in den 90er-Jahren gegeben hatte.

Bis dahin hatte der Lehrer eine autoritäre Stellung in der Klasse. Disziplin und Leistungsbereitschaft waren zentrale Werte des Unterrichts gewesen. Nur die besten Studenten konnten in Finnland Lehrer werden, und sie genossen zudem ein hohes Ansehen in der Bevölkerung. Anstrengungsbereitschaft und Exzellenz hatten bis zur großen Reform die Bildung dominiert. Es waren diese „alten" Werte, klassische christliche Tugenden, die zu den hervorragenden Ergebnissen geführt hatten und eben nicht Freiarbeit und individuelle Förderung. Als sich das Land davon abwandte, sanken auch die Leistungen. Die Ergebnisse sprechen nach Einschätzung von Bildungsforschern dafür, dass sich Leistungsstreben und Kuschelpädagogik in der Schule eben nicht vereinbaren lassen. Lernen ist halt anstrengend, es kostet Mühe und Überwindung, Disziplin und Gehorsam, und es braucht starke Lehrer, die mit ihrem Vorbild führen. Dazu später mehr.

> Leistungsstreben und Kuschelpädagogik in der Schule lassen sich nicht vereinbaren. Lernen ist halt anstrengend, es kostet Mühe und Überwindung, Disziplin und Gehorsam und es braucht starke Lehrer, die mit ihrem Vorbild führen.

Auf den Lehrer kommt es an

2009 veröffentlichte der australische Bildungsforscher John Hattie seine Metastudie „Visible Learning". Dort hatten er und sein Team über 800 Metaanalysen mit 50 000 Einzeluntersuchungen und 250 Millionen beteiligten Schülern unter dem

Blick von 138 Einflussgrößen untersucht und nach dem Erfolgsrezept für erfolgreiches Lernen geforscht. Er arbeitete nach dem Prinzip „Meinungen gibt es genug, was zählt, ist messbare Evidenz (wissenschaftliche Wahrheit)". Das Ergebnis war keine bahnbrechende Neuerung und dennoch überraschend: Auf den Lehrer kommt es an. Gerade den hatte man in zahlreichen Bildungsreformen versucht, „unsichtbar" zu machen; der Frontalunterricht galt als abgeschafft, die Schüler sollten sich stattdessen das Wissen selbst und lehrerunabhängig aneignen. Hattie wies dagegen nach, dass der Lehrer nicht nur als Lernbegleiter („facilitator"), sondern als Regisseur („activator") notwendig war. Nicht die Methode, sondern die *Haltung* machte den Unterschied.

Die Übersicht zeigt: Unterricht, in dem Lehrer den Schülern Selbstvertrauen in die eigene Leistungsfähigkeit vermitteln, ist demnach am erfolgreichsten. Schüler ihrem Alter angemessen zu unterrichten ist der zweitwichtigste Aspekt. Jedem, der sich an die eigene Schulzeit erinnert, fallen Lehrer ein, die motivierend und begeistert von ihrem Fach erzählen konnten, und auch solche, die an den Schülern vorbei unterrichteten. Bei den einen sprang der Funke der Begeisterung über, bei anderen hatte man das Gefühl, sie wären an den Schülern gar nicht interessiert.

> Unterricht, in dem Lehrer den Schülern Selbstvertrauen in die eigene Leistungsfähigkeit vermitteln, ist am erfolgreichsten. Schüler ihrem Alter angemessen zu unterrichten ist der zweitwichtigste Aspekt.

Hattie fand auch heraus, dass sich die Schwerpunkte der Bildungsreformen nach PISA auf Aspekte gestützt hatten wie Individualisierung, jahrgangsübergreifenden Unterricht oder Freiarbeit, die als faktisch unwirksam auf Schülerleistungen gelten.

Es wäre nun an der Zeit gewesen, dass ein „Hattie-Schock" durch die Bildungslandschaften geht und Politiker alles daransetzen, dass motivierte Lehrer die Klassenräume bevölkern. Stattdessen wurden die Ergebnisse lediglich zur Kenntnis genommen. Die ernüchternden Ergebnisse der PISA-Studien von 2009 und 2012 waren zu dem Zeitpunkt noch nicht ausgewertet, und man wollte einfach nicht zur Kenntnis nehmen, aufs falsche Pferd gesetzt zu haben.

Hattie lehrt uns, dass es einer gründlichen wissenschaftlichen Schulforschung bedarf, um weitreichende Veränderungen sinnvoll und nachhaltig zu gestalten. Reformen aufgrund ideologischen Drucks und um dem Zeitgeist zu gefallen, schaden Schülern, Lehrern und Eltern.

Wie können Eltern Einfluss auf die Schule nehmen?

Manche Angelegenheiten sind rechtlich klar geregelt; hier haben Eltern keine Ermessensspielräume. Wenn es um die Schulpflicht geht, müssen Eltern Zeiten und Termine der Schule einhalten. Eine Verlängerung der Ferien ohne genehmigten Antrag der Schule ist nicht zulässig. Zeugnisse und die Vergabe von Abschlüssen unterliegen klaren Rechtsvorgaben der Länder; hier gibt es eigentlich keine Einflussmöglichkeit durch Eltern.

Beim Thema Klassenfahrten wiederum eröffnet sich die Chance zur Mitsprache. So wich z. B. die Landesregierung von NRW 2001 von ihrer harten Linie ab, Eltern zu bestrafen, die ihre Kinder aus religiösen Gründen nicht mit auf Klassenfahrt fahren ließen, als sich die Eltern auf ihr verfassungsgemäßes Recht auf Religionsfreiheit und das Recht zur Erziehung ihrer Kinder beriefen. Beim Thema Homeschooling dagegen wurden auch Zwangsmaßnahmen gegen Eltern verhängt, die ihre Schüler nicht zur Schule schicken wollten. Hier gab es keine Kompromisse.

Hier ist Mitarbeit und Mitbestimmung von Eltern gefragt

Die Verfassung spricht Eltern das Recht und die Pflicht zur Erziehung (auch der religiösen) ihrer Kinder zu. Dieses Recht wird durch das Recht der staatlichen Gemeinschaft, darüber zu wachen, ergänzt. Solange Kinder im Einflussbereich der Schule stehen, teilen sich Schule und Eltern also die Pflicht und das Recht zur Erziehung der Kinder. Notwendigerweise müssen sich also beide miteinander einigen, damit das gelingen kann.

> Solange Kinder im Einflussbereich der Schule stehen, teilen sich Schule und Eltern die Pflicht und das Recht zur Erziehung der Kinder.

In Artikel 4 steht:
Die Freiheit des Glaubens, des Gewissens und die Freiheit des religiösen und weltanschaulichen Bekenntnisses sind unverletzlich. Die ungestörte Religionsausübung wird gewährleistet.

Artikel 6, Absatz 2:
Pflege und Erziehung der Kinder sind das natürliche Recht der Eltern und die zuvörderst ihnen obliegende Pflicht. Über ihre Betätigung wacht die staatliche Gemeinschaft.

In Artikel 7, Absatz 1 heißt es:
Das gesamte Schulwesen steht unter der Aufsicht des Staates.

In der Reihenfolge der Grundgesetzartikel ist auch eine Wertigkeit der Rechte formuliert. Demnach ist das Recht auf Glaubensfreiheit vorrangig vor dem Recht der Eltern zur Erziehung ihrer Kinder, und das hat wiederum Vorrang vor dem Recht der Schule zur Erziehung, wobei in der praktischen Rechtsprechung die Artikel 6 und 7 als gleichwertig angesehen werden.

Die Schulgesetze der einzelnen Bundesländer respektieren das Verfassungsrecht der Eltern zur Erziehung ihrer Kinder. Die meisten erkennen es als Recht im Verfassungsrang oder zumindest als grundständiges Elternrecht an. Nur im Schulgesetz von Bremen wird lediglich von einer „Verantwortung der Erziehungsberechtigten" gesprochen.

Die Schulgesetze setzen dieses Recht u. a. durch verschiedene Formen der Mitsprache der Eltern um. Es gibt in allen Schulformen gewählte Gremien, in denen Eltern ihre Interessen vertreten können. Über welche Themen diese Gremien entscheiden, ist ebenfalls in den Schulgesetzen geregelt.

Offizielle Formen der Zusammenarbeit sind z. B. die Anmeldung des Kindes in der Schule, der Elternsprechtag, Klassenpflegschaftstreffen, Informationspflichten der Schule gegenüber den Eltern (z. B. wenn die Versetzung gefährdet ist), Mitsprache in Leitungsgremien wie der Schulkonferenz, die in einigen Bundesländern sogar die Schulleiter wählt.

Es lohnt sich durchaus, die Schulgesetze der Bundesländer im Hinblick auf Mitsprachemöglichkeiten genau anzuschauen. Die Ministerien haben dazu Elterninfos veröffentlicht, die im Internet leicht abrufbar sind. Z. B. sieht das Schulmitbestimmungsgesetz (SchumG) des Saarlandes in den § 35-37 eine weitreichende Einbeziehung der Eltern vor. Eltern müssen über die Planung des Unterrichts informiert und in die Planung einbezogen werden; die Lehrer geben den Eltern in der Elternversammlung Gelegenheit zu Vorschlägen und Aussprachen bezüglich der Auswahl des Lehrstoffes, der Bildung von Schwerpunkten und der Anwendung bestimmter Unterrichtsformen. Nicht alle Bundesländer bieten so weitreichende Mitsprachemöglichkeiten. Die Kultusministerkonferenz bietet im Internet eine Auflistung der formalen Einflussmöglichkeiten an.[96]

Engagement lohnt sich

Neben allen Rechtsvorschriften und Gesetzen sind Lehrer auch nur Menschen, die irgendwie gelobt und wertgeschätzt werden wollen und auf Anerkennung besser reagieren als auf Meckern und Kritik. Und natürlich haben Eltern, die sich auch sonst in der Schule engagieren, neben ihren „Rechten" auch größeren Einfluss auf die Entscheidungen, in denen Lehrer nun mal einen Ermessenspielraum haben.

Es macht eben einen Unterschied, ob sich ein Vater beim Klassenlehrer meldet und Änderungen am Programm der Klassenfahrt fordert, sich aber auf Elternsprechtagen und Klassenpflegschaftsabenden nie sehen lässt, oder ob es der Klassenpflegschaftsvorsitzende ist, der sich auch um die Organisation der letzten Weihnachtsfeier gekümmert hat und der dem Klassenlehrer im Auftrag der Eltern eine kleine Aufmerksamkeit zum Geburtstag hat zukommen lassen. Kleiner Tipp: Die Annahme von Geschenken Einzelner ist Lehrern aufgrund des allgemeinen Bestechungsverbotes untersagt. Aufmerksamkeiten einer ganzen Klasse/aller Eltern dürfen einen bestimmten Wert nicht übersteigen (je nach Bundesland zwischen 10 und 25 €). Hier kann man sich als Eltern also klug verhalten.

Es ist also nicht verboten, freundlich zu sein und Wertschätzung zu zeigen, auch mit dem Hinweis, dass für einen Lehrer oder eine Lehrerin regelmäßig gebetet wird und er oder sie – falls gewünscht – gerne Gebetsanliegen nennen darf.

Grenzen des Einflusses von Eltern

Das Grundgesetz hat die Erziehung durch Eltern und Schule also miteinander verwoben – zumindest was den Schulbesuch betrifft. Grundsatzurteile des Bundesverfassungsgerichts und Bundesverwaltungsgerichts beschäftigen sich immer wieder mit der Herausforderung, das Recht zur freien Religionsausübung (Art. 4), das Elternrecht (Art. 6) und das Schulrecht (Art. 7) in Einklang zu bringen.

In einem Urteil vom 25.08.1993[97] beispielsweise wurde die Klage einer zwölfjährigen muslimischen Schülerin gegen die Teilnahme am koedukativen Sportunterricht abgewiesen. Die Schülerin bezog sich dabei auf ihre muslimische Überzeugung, sich im Beisein von Männern nur mit einem Kopftuch zeigen zu dürfen, was ihr im geschlechtergemischten Sportunterricht nicht möglich sei. Das BVerfG bestätigte zwar das Recht der Schülerin, ein Kopftuch zu tragen, das sei auch durch das Recht auf freie Ausübung der Religion geschützt, allerdings widerspreche dieses Recht der allgemeinen Schulpflicht nach Art. 7 GG. Das Gericht erkannte den offensichtlichen Konflikt an, argumentierte aber, die Schülerin müsse unter Berücksichtigung des grundgesetzlichen Gebotes zur Toleranz und der positiven Auswirkung des Sportunterrichts auf ihre Gesundheit und Entwicklung auch ohne Kopftuch am Sportunterricht teilnehmen. Eine Ausnahme wurde ihr beim Schwimmunterricht zugesprochen. Außerdem sah das Gericht die Möglichkeit, dass die Schülerin zu einer Schule wechseln könne, die getrennten Sportunterricht anbietet.

In einem anderen Urteil klagte ein muslimischer Schüler in Berlin für das Recht, in einem Schulflur seine islamischen Gebete verrichten zu dürfen.[98] Dieses Recht wurde verweigert. Das BVerwG erkannte zwar das Grundrecht der Glaubensfreiheit an, das umfassend zu verstehen ist. Und dieses Grundrecht beziehe sich nicht nur auf die innere Freiheit, zu glauben oder nicht zu glauben, sondern auch auf die äußere Freiheit, den Glauben zu bekunden und zu verbreiten. Zur Bedingung machte das Gericht jedoch, dass es darauf ankomme, ob sich das religiöse Verhalten als Glaubensregel hinreichend plausibel der jeweiligen Religionsgemeinschaft zuordnen lässt. Das sei beim fünfmaligen Gebet eines Muslims zwar durchaus der Fall, das Recht auf Glaubensfreiheit gelte aber nicht uneingeschränkt. Es finde seine Einschränkungen dort, wo das Nichtglauben der Mitschüler beeinträchtigt werde. Andere Mitschüler glaubten nämlich nicht, und ihnen könne nicht zugemutet werden, dem öffentlichen Gebet zuschauen zu müssen. Sie hätten grundsätzlich einen Anspruch darauf, von Äußerungen eines Glaubens verschont zu bleiben, den sie nicht teilten. Das vom Grundgesetz gewährleistete Elternrecht verleihe zudem den Eltern die Befugnis, ihre Kinder von Glaubensäußerungen fernzuhalten, die sie als falsch oder schädlich ansähen. Das Recht der einen Eltern widerspreche hier dem Recht des Schülers. Er könne seine Gebete zwar in einem extra Raum abhalten, diesen zur Verfügung zu stellen sei aber nicht die Pflicht der Schule.

In einem anderen Fall in NRW hatte ein Schüler der Zeugen Jehovas 2013 vor dem Bundesverwaltungsgericht (BVerwG) geklagt, den okkulten Film „Karabat" im Unterricht nicht mit schauen zu müssen.[99]

Das Gericht erkannte das religiöse **Erziehungsrecht** der Eltern an, darauf hinzuwirken, dass ihre Kinder auch in ihrem alltäglichen Verhalten die Vorgaben des Glaubens beachten, den die Eltern für richtig halten und ihren Kindern vermitteln. Das Gericht gestand den Eltern zu, dass sie auch ein Glaubensverständnis zeigen dürften, das Außenstehenden überzogen zu scheinen mag. Den Bürgern sei die Befolgung ihrer jeweiligen Glaubensüberzeugungen ungeachtet ihrer zahlenmäßigen Stärke, sozialen Relevanz oder ihrer **Anerkennung** durch Dritte verfassungsrechtlich gewährleistet, solange sie nicht in unzulässigem **Widerspruch** zu anderen Wertentscheidungen der Verfassung geraten. Dem Staat sei es verwehrt, Glaubensüberzeugungen der Bürger einer extern vorgenommenen inhaltlichen **Bewertung** zu unterziehen und sie hieran anknüpfend vom verfassungsrechtlich gebotenen Grundrechtsschutz von vornherein auszunehmen. Heißt also: Nicht der Staat bestimmt, was Glaubensüberzeugung ist, sondern der Glaubende. In diesem Falle stünden sich das religiöse Erziehungsrecht der Eltern sowie

> Nicht der Staat bestimmt, was Glaubensüberzeugung ist, sondern der Glaubende.

das staatliche Bestimmungsrecht im Schulwesen gleichrangig gegenüber, keine Seite könne maximale Rücksicht erwarten, die Interessen müssten schonend ausgeglichen werden. Es sei die Pflicht beider Seiten, Kompromisse zu finden. Wer sich einer Lösungssuche verweigere, verwirke sein Recht auf Berücksichtigung. Wenn es allerdings keine Lösungsmöglichkeit gebe, müsse einer der beiden Vorrang bekommen. Das Gericht gibt dann Kriterien vor, wie diese Prüfung aussehen muss:

1. **Die Bedenken müssen grundsätzlich sein.** Das wäre daran erkennbar, dass sich auch alle anderen Eltern derselben Religion in vergleichbaren Konstellationen genauso verhalten würden. Es ist also immer problematisch, wenn man alleine ist. Eine gute Chance besteht, wenn man sich mit anderen Eltern desselben Glaubens zusammenschließt.

   Eltern sollten ihre Bedenken dem Lehrer und der Schulleitung immer schriftlich mitteilen und darin genau darlegen, worin die Bedenken bestehen und wo sie den Verstoß gegen Glaubensprinzipien oder Erziehungsgrundsätze sehen. Die Schriftlichkeit ist als Nachweis in einem späteren Prüfungsverfahren hilfreich.

2. **Wenn das alle Schulen auch so machen, muss das Einzelinteresse zurückstehen.** Es ist also zu prüfen, ob es sich nur um diesen Lehrer in diesem Unterricht handelt oder ob z. B. ein

Film auch an anderen Schulen gezeigt wird. Hier hat man immer gute Karten, wenn die Schule nicht nachweisen kann, dass ein Film oder Buch oder anderer Inhalt definitiv im Lehrplan der Schule festgeschrieben ist oder ein Erlass des Ministeriums das festlegt (zeigen lassen!). Gerade wenn einzelne Lehrer externe Gruppen einladen wie SCHLAU NRW, ‚Rosa Strippe e. V.‘ o. a. lohnt sich der Protest bei der Schulleitung. Die einseitige, z. T. pornografische Art der Aufklärung verstößt gegen das grundlegende Recht auf Glaubensfreiheit und das Erziehungsrecht der Eltern.

3. **Die Anzahl der versäumten Unterrichtsstunden ist nicht relevant.** Der einzelne Schüler muss an sämtlichen schulischen Veranstaltungen teilnehmen, weil sie nur dann einen gemeinschaftsstiftenden Effekt haben, was ja der Zweck von Schule ist und die Einführung der staatlichen Schulpflicht legitimiert. Das gilt auch dort, wo ein Schüler dadurch in eine Minderheitenposition gerückt wird. Es macht also wenig Sinn, damit zu argumentieren, es ginge ja nur um ganz wenig Unterrichtsstoff, den der Schüler verpassen würde. Die allgemeine Schulpflicht umfasst eben jede einzelne Schulstunde.

4. **Eine Befreiung ist nur möglich, wenn die Beeinträchtigung besonders gravierend ist und ein unzumutbares Ausmaß hat.** Es reicht

nicht, dass man sich daran stößt, „wie Schule eben ist" oder wie der Zeitgeist eben denkt. Einen gewissen Verstoß gegen die eigenen Überzeugungen müssen Schüler und Eltern wohl ertragen. Grundsätzlich ist davon auszugehen, dass bei „normalen" Beeinträchtigungen die Verfassung dem staatlichen Bildungs- und Erziehungsauftrag den Vorrang einräumt. Es muss von den Eltern nachgewiesen werden, dass die Beeinträchtigung einen Verstoß gegen die Grundsätze des Glaubens darstellt, also der Glaube an sich infrage gestellt wird. Dabei kann der Staat nicht prüfen, was „grundsätzlich" ist. Das muss in der Auseinandersetzung mit der Schule individuell dargelegt werden.

Im Blick auf die Klage des Schülers der Zeugen Jehovas kam das Gericht von daher zu dem Schluss, dass die unter den Punkten 1 bis 4 aufgeführten Grundsätze nicht zu einer Befreiung führen konnten. Das bloße – passive – Anschauen eines okkulten Films reiche dafür nicht aus, der Schüler werde ja nicht zum Mitmachen aufgefordert.

Schlechte Chancen für Eltern, die auf christliche Werte pochen

Die Beispiele zeigen, dass der Staat zwar das Recht der Eltern auf Erziehung und ihr Recht auf Religionsfreiheit anerkennt, im Konfliktfall der Schulpflicht aber einen höheren Stellenwert einräumt. Eltern dürfen die Erziehung ihrer Kinder, auch

> Der Staat erkennt zwar das Recht der Eltern zur Erziehung und ihr Recht auf Religionsfreiheit an, räumt aber im Konfliktfall der Schulpflicht einen höheren Stellenwert ein.

die religiöse, bestimmen; im System Schule gilt aber das Neutralitätsgebot, also müssen Ansprüche an eine religiös geprägte (christliche oder muslimische) Erziehung im Zweifel zurückstehen.

Neutralität ist gleichzusetzen mit „Zeitgeist". Ändert sich der gesellschaftspolitische Wind, ändert sich auch das, was unter „neutral" zu verstehen ist. Weil die Schülerschaft kulturell und religiös vielfältig ist und das seit 2015 durch die Flüchtlingskrise sogar noch zugenommen hat, achten Behörden besonders darauf, weder den christlichen noch den muslimischen noch einen anderen Glauben zu bevorzugen. Auf rein rechtlichem Wege ist daher die inhaltliche Einflussnahme von Eltern sehr gering.

Der einzige wirklich gangbare Weg ist das Gespräch mit den einzelnen Lehrkräften und Schulleitungen. Was über den rechtlichen Weg gegebenenfalls nicht möglich ist, sollte über den direkten Einfluss auf Lehrer versucht werden. Gerade wenn sich Eltern zusammentun und mit einer Stimme sprechen, ist oft möglich, was auf formalem Wege verschlossen scheint.

Was tun bei Konflikten?
Eine Lösung versuchen

An manchen Schulen existiert ein Konfliktmanagement. Hier ist geregelt, wie in Konfliktfällen vorgegangen wird. An der August-Hermann-Francke-Gesamtschule in Detmold sind vier Grundsätze der Konfliktlösung vereinbart. Die Schule hat darin festgelegt, wie sich Eltern verhalten sollen bei Unstimmigkeiten mit Lehrkräften: a) in Erziehungsfragen, b) bei Notenproblemen, c) bei Beschwerden über Unterrichtsinhalte, d) bei Problemen in theologischen Fragen (es handelt sich um eine christliche Schule), e) bei Problemen mit externen Partnern der Schule (Ganztag, AG-Leiter etc.). Dann ist ein Verfahren festgelegt, was Schüler bei Problemen mit Lehrkräften oder mit Mitschülern tun können. Zuletzt wird auch Lehrkräften aufgezeigt, was sie bei Konflikten mit der Schulleitung, mit Eltern oder Kollegen tun können.

Für alle gelten vier „goldene Regeln":

1. **Jede Instanz soll zunächst die Gelegenheit und Zeit bekommen, konstruktiv zur Lösung beizutragen.** Manchmal beschweren sich Eltern, zu spät über Vorgänge in der Schule informiert worden zu sein. Und manchmal verzögern sich Infos auch unnötig. Eltern sollten aber wissen, dass es auch schulintern oft Zeit braucht, bis eine Info von Lehrer A an Lehrer B und an die Schulleitung gelangt. Da wird dann ein Zettel ins Fach von Lehrer A gelegt, sich bitte umgehend bei den Eltern zu melden, der hat aber gerade seinen freien Tag und ist danach auf Klassenfahrt. Das hatte Lehrer B gar nicht auf dem Schirm, als er Lehrer A per

Zettel informierte. Ergebnis ist aber, dass die Eltern nicht informiert werden. Ärgerlich, aber das kommt vor.

Dann benötigen Lehrer auch eine gewisse Zeit, um sich erst einmal selbst mit einem Problem zu beschäftigen und nach einer Lösung zu suchen. Wenn sie dann feststellen, dass das doch nicht ohne die Schulsozialarbeit oder die Schulleitung geht, sind wieder ein paar Tage ins Land gegangen. Es dauert auch, bis z. B. alle Eltern informiert sind, die mit einem Fall von Mobbing zu tun haben. Hier sei allen Eltern der Mut empfohlen, das Telefon in die Hand zu nehmen und direkt mit den anderen Eltern Kontakt aufzunehmen, sich u. U. auch zu besuchen und persönlich zu sprechen und damit nicht den Lehrer zu beauftragen.

2. **Eine dauerhafte Lösung ist besser als eine schnelle.** In vielen Schulgesetzen haben die Eltern einer Klasse das Recht, einen Elternabend einzuberufen. In NRW ist das der Fall, wenn 20 % der Eltern das beantragen. Der eingeladene Lehrer hat dann eine Anwesenheitspflicht. Manchmal lassen sich Konflikte nicht anders lösen als über diesen umständlichen Weg. Die Schulleitung sollte informiert werden, und es ist sinnvoll, dass so ein Abend gemeinsam mit dem Lehrer gut vorbereitet wird. Der Klassenpflegschaftsvorsitzende und dessen Stellvertreter sollten vorher in der Schule einen Gesprächstermin abgemacht haben, damit der

Lehrer nicht vor vollendete Tatsachen gestellt und von der Spannungssituation überfordert wird.

3. **Die Schulleitung kann alle Beteiligten zur Einhaltung des Verfahrensweges verpflichten.** Eltern neigen dazu, bei Problemen jedweder Art direkt zur Schulleitung zu gehen. So soll ihrem Anliegen mit höchster Autorität entsprochen werden. Da kommt aber Regel 1 ins Spiel. Wurde vorher der (Klassen-)Lehrer angesprochen und um eine Lösung gebeten? Wurden beteiligte Eltern und Schüler angesprochen und einbezogen? Wurde die Schulsozialarbeit um Vermittlung angefragt? Wurde ausreichend lange auf Antwort gewartet, hatte die „Pille" also Zeit, erst einmal zu wirken? Wenn dieser mühsame Prozess erfolglos war, hat die Schulleitung sicher ein offenes Ohr, denn jetzt muss sie auch handeln.

4. **Protokolle helfen nachzuvollziehen, wer was wann wem gegenüber gesagt hat und was beschlossen wurde.** Es ist kein Zeichen von Skepsis, sondern klug, Protokolle von Gesprächen, Elternabenden, Elternsprechtagen u. a. zu verfassen. Es kommt häufig vor, dass im Nachhinein das Gedächtnis doch nicht so fit ist wie zunächst angenommen. Und Protokolle sollten an alle Beteiligten verschickt werden, ein E-Mail-Verteiler oder eine WhatsApp-Gruppe unter Eltern ist sehr hilfreich. Dann kann man

genau nachlesen, was denn genau vereinbart und abgesprochen wurde. Auch wirkt ein offizielles Protokoll verpflichtender als ein bloßes Gespräch.

Auch wenn es an Ihrer Schule kein Beschwerde- oder Konfliktmanagement gibt, ist es eine gute Idee, das z. B. auf einer Schulkonferenz zum Thema zu machen und anzubieten, bei der Erarbeitung mitzumachen. In jedem Falle ist es gut, zu erfragen, wie Eltern und Schüler denn in den genannten Fällen vorgehen sollen. Wenn Lehrer darauf keine Antwort wissen, mag ein Termin beim Schulleiter ein guter Weg sein.

Für Eltern ist wichtig zu wissen: Die letzte Entscheidung vor Ort, wie mit einem Problem umgegangen wird, sei es mit internen oder externen, trifft der Schulleiter. Er hat die Pflicht und Aufgabe, den Schulfrieden zu wahren und das Schulrecht durchzusetzen. Er hat das Hausrecht und ist allen in der Schule Arbeitenden gegenüber weisungsberechtigt. Die Schulleiter haben z. B. das Recht, zu entscheiden, ob Schulfremde in den Unterricht eingeladen werden dürfen oder ob die Gideons in den Klassen Bibeln verteilen können. Auch Beschwerden über strittige Inhalte des Unterrichts von Lehrkräften müssen zunächst über seinen Schreibtisch wandern. An der Entscheidung des Schulleiters führt hier kein Weg vorbei, selbst wenn schwierige Fälle an übergeordnete Behörden weitergeleitet werden.

Was tun bei scheinbar unlösbaren Konflikten?
Beharrlichkeit und Gebet

Manchmal braucht es einen langen Atem, bis das Anliegen von Eltern endlich Gehör findet. Otto Hertel, der Gründer der AHF-Schulen in Lippe, fand anfangs keine Zustimmung, als es um den Start einer Grundschule ging. Die Lippische Landeskirche war stolz darauf, keine eigenen Schulen zu betreiben und sich aus der Schulbildung zurückgezogen zu haben. Das Anliegen der Gründungsväter wie Otto Hertel war der Kirche und der Bezirksregierung Detmold ein Dorn im Auge.

Aber sie hatten die Beharrlichkeit eines Otto Hertel unterschätzt. Sage und schreibe 46 Anträge auf Gründung einer christlichen Schule wurden von ihm eingereicht. Wenn er durch die eine Tür des Büros in der Bezirksregierung hinausgeschmissen wurde, schaute er zur anderen wieder herein. Niemals beleidigt oder persönlich angegriffen, verfolgte er beharrlich und zäh das Ziel, das Gott ihm aufgetragen hatte: die Gründung einer Schule. Am Ende wurde sein Antrag wohl genehmigt, um diesen lästigen Bürger endlich loszuwerden; man war restlos genervt von seiner Geduld. Man wird an das Gleichnis mit dem ungerechten Richter erinnert.

Öffentlichkeit herstellen

Selbst wenn Eltern keinen Rechtsanspruch auf Anhörung mehr haben, müssen sie wissen, dass alle Gesetze und Verordnungen von Menschen gemacht worden sind und deshalb auch geändert werden können. Die Frage ist nur, wie viel öffentlicher Druck dafür nötig ist. Warum das nicht nutzen? Die Anti-Atom-Bewegung zeigt, wie stark der Einfluss einer Minderheit sein kann, wenn sie nur laut genug ist.

Kein Schulleiter hat ernsthaft Lust auf Proteste der Eltern oder möchte Unruhe in der Schule haben. Wenn er wahrnimmt, dass ein Teil der Elternschaft mit dem Inhalt einer Unterrichtsentscheidung unzufrieden ist, wird er sich gut überlegen, ob er den Bedenken nicht doch nachgehen soll. Unter Umständen müssen Eltern diesen Weg wählen.

Solange Eltern friedliche, rechtskonforme Mittel wählen können, um ihre Ansichten durchzusetzen, sollten sie diese ausschöpfen. Das kann unter Umständen auch das Einschalten der Presse, Demonstrationen, Protestmärsche, das Anrufen eines Petitionsausschusses oder eine Klage vor Gericht bedeuten. Auch Paulus nutzte die Möglichkeit des römischen Rechtes, sich als Bürger des Reiches auf den Kaiser zu berufen, als ihm kein anderer Weg offen schien, um einer „Abschiebung" nach Jerusalem zu entgehen, weil dort seine Häscher auf ihn warteten.

> Solange Eltern friedliche, rechtskonforme Mittel wählen können, um ihre Ansichten durchzusetzen, sollten sie diese ausschöpfen.

Schulwechsel

Wenn es trotz allem keine Lösung für einen Konflikt gibt, und auch ein Klassenwechsel nicht
möglich ist, bleibt nur der Wechsel der Schule.
Wenn man in ein unbelastetes Verhältnis zu neu-
en Lehrern einsteigen kann oder die Schulleitung
z. B. gegenüber Glaubensfragen offener ist, mag
sich dieser radikale Schritt lohnen. In heftigen
Mobbingfällen, wo z. B. peinliche Fotos die Run-
de gemacht haben, bleibt dazu oft keine Alternative, um Schulangst und Schulverweigerung zu
vermeiden.

Verweigerung

Sind alle rechtlichen Mittel ausgeschöpft, bleibt als
„unrechtes" Mittel die Verweigerung. Man muss
Gott mehr gehorchen als Menschen (Apg 5,29). Die
Apostel weigerten sich, der Anordnung der jüdischen Regierung Folge zu leisten und zu schwei-
gen. Sie predigten weiterhin von Jesus Christus.
Dafür wurden sie unter Druck gesetzt und verhaf-
tet. Die Gemeinde betete für sie, und Gott erhörte
dieses Gebet mit einem Wunder: Die Erde bebte.
Auf diese Weise sprach er ihnen Mut zu.

Verweigerungen können Erfolg
haben oder weiteren Gegendruck
erzeugen. Der Fall der Eltern,
die sich aus religiösen Gründen
weigerten, ihre Kinder auf Klassenfahrten zu schicken, war in
NRW letztlich erfolgreich. Andere

> Verweigerungen
> können Erfolg
> haben oder wei-
> teren Gegendruck
> erzeugen.

Eltern, die sich der Schule verweigerten, um ihre Kinder zu Hause zu unterrichten, verloren dagegen; Gerichte zwangen sie, die Schulpflicht ihrer Kinder einzuhalten. (Außer in Deutschland und Schweden haben alle Länder Europas Hausunterricht als Alternative zur staatlichen Schulpflicht zugelassen.) Tatsächlich ist die Zahl der Fälle, in denen Eltern so drastisch reagieren, vermutlich eher gering. Bevor zu diesem Schritt gegriffen wird, sollten sich Eltern eventuell auch anwaltlich beraten lassen.

Was Eltern sonst noch tun können

Eltern müssen der Schule deutlich signalisieren, dass sie sich als Erziehungspartner sehen, nicht als Befehlsempfänger oder Vollstreckungsgehilfen der Schule. Sie wollen beteiligt und eingebunden, informiert und ernst genommen werden. Eltern müssen unter Umständen auf ihr verfassungsmäßiges Recht auf Erziehung pochen und es einfordern. Dabei müssen sie in Kauf nehmen, wenn Lehrer darauf genervt und abwehrend reagieren. Das Recht, ihre Kinder zu erziehen, sollten Eltern trotz dieser Ablehnung nicht leichtfertig aus der Hand geben. Es ist immer hilfreich, sich mit anderen Eltern der Klasse zusammenzutun.

> Eltern müssen der Schule deutlich signalisieren, dass sie sich als Erziehungspartner sehen, nicht als Befehlsempfänger oder Vollstreckungsgehilfen der Schule.

Leid auch aushalten

Und manchmal ist das Beste, was Eltern tun können, Leidensbegleiter zu sein. Oft leiden allerdings die Eltern mehr als ihr Kind. Ich erinnere mich an ein Gespräch mit Eltern, in dem sie ausgiebig schilderten, wie sehr ihr Kind an einer Lehrerin leide. Unverhofft unterbrach das Kind seine Eltern und sagte: „So schlimm ist das gar nicht. Es nervt mich eben nur manchmal." Die Eltern litten viel mehr als das Kind. Seien Sie also bereit, einen gewissen Druck, ein Leiden, auch mal ein Weinen des Kindes auszuhalten. In einer intakten Familie ist die menschliche Seele sehr belastbar. Kinder können eine Menge wegstecken, ohne seelischen Schaden zu nehmen. Bei Eltern scheint das manchmal anders zu sein …

Wahl einer Bekenntnisschule

Wenn Eltern die Einschränkungen ihrer Glaubensüberzeugungen an öffentlichen Schulen zu weit gehen und sie möchten, dass ihre Kinder umfassend nach den Regeln ihrer Glaubensauffassung erzogen werden, steht ihnen die Anmeldung an einer Bekenntnisschule oder die Gründung einer Bekenntnisschule offen. Hier können Freiheiten gelebt werden, die öffentliche Schulen nicht bieten können und dürfen. In manchen Bundesländern wie Baden-Württemberg oder NRW ist das leichter, weil der Staat einen größeren Teil der Kosten trägt, in manchen wie Berlin oder Bayern sind die Rahmenbedingungen schwieriger. Die

Eltern von etwa 35 000 Schülern im VEBS (Verband Evangelischer Bekenntnisschulen) haben sich schon für diesen Weg entschieden und damit eine für sie gute Lösung gefunden.

Christliche Bekenntnisschulen sind entgegen ihrem Ruf keine „Käseglocke", in der Schüler abgeschottet werden. Im Gegenteil, sie stellen sich Wettbewerben mit öffentlichen Schulen, sind erfolgreich im Aufbau von Schulpartnerschaften mit dem Ausland und haben viele Eltern aus nicht christlichen Elternhäusern, die zunächst eine gute Bildung und ein wertschätzendes Schulklima suchen.

> Christliche Bekenntnisschulen sind entgegen ihrem Ruf keine „Käseglocke", in der Schüler abgeschottet werden.

Man muss sehen, dass in diese Schulen ganz „normale" Schüler gehen, die als „kleine Sünder" erst das Evangelium und Jesus Christus kennenlernen müssen und sich häufig nicht von Schülern der öffentlichen Schulen unterscheiden. Den Unterschied machen vielmehr die gläubigen Lehrer und auch bildungsinteressierte Eltern aus. Wenn es um eine bewusste Werteprägung geht, Einfluss auf die Sexualerziehung, die Themen Evolution und Schöpfung sowie Sucht- und Präventionsarbeit nach christlichen Maßstäben führt künftig an der Gründung weiterer christlicher Schulen kein Weg vorbei. Die Beratung erfolgt über den VEBS.

Der Trend zur Gründung christlicher Schulen setzte in den 70er-Jahren des letzten Jahrhunderts unabhängig voneinander weltweit auf allen Kontinenten gleichzeitig ein. Ob man nach

Südamerika, Australien, Europa oder Afrika schaut: Überall entstanden plötzlich christliche Schulen, niemand koordinierte das, es gab keinen Masterplan, zumindest keinen menschlichen. Wir sehen die christlichen Schulen als eine Antwort Gottes auf die Säkularisierung des Christentums, um die Gemeinde Jesu zu stärken. Nur so ist erklärbar, warum es in China heute über 4000 christliche Schulen gibt, im muslimischen Indonesien über 300, in Afrika mehrere 10 000, und ihre Zahl auch in Europa, Süd- und Nordamerika weiter wächst.

In vielen Ländern haben sie durchaus mit der Gängelung durch den Staat zu kämpfen, in Frankreich gibt es z. B. über 9000 katholische Schulen, aber nur 25 evangelische; der Staat legt den Schulen viele Hindernisse in den Weg. In Tschechien wiederum, dem atheistischsten Land Europas, fördert der Staat christliche Schulen mit erheblichen Mitteln. In Österreich konnte 2015 durch ein Gerichtsurteil sogar eine Vollfinanzierung der christlichen Schulen erreicht werden; Gott hatte auf Gebete geantwortet. In Schweden wird christlichen Schulen unter dem Deckmantel der Gleichberechtigung und Neutralität wiederum das Leben schwergemacht. Im nordschwedischen Wilhelmina verfügte die Schulaufsicht in einer christlichen Schule ein Verbot von Andachten, in Umea wurde nach einer Schulinspektion in einer Vorschule der Heilsarmee 2016 das Amen nach dem Tischgebet verboten. Nach dem schwedischen Bildungsgesetz dürfen Schulen während der Schulzeit keine konfessionellen Aktivitäten praktizieren, und Kindern sollte es möglich sein, von religiösen Aktivitäten fernzubleiben.

In Deutschland hingegen sind christliche Schulen zwar eng an staatliche Lehrpläne gebunden, sie haben aber gewisse inhaltliche Freiheiten und dürfen eine „durchgehend bekenntnismäßige Prägung aufweisen".

Fazit

An vielen Schulen arbeiten Lehrer, die an einem Duett mit Eltern und nicht an einem Duell interessiert sind. Sie sind offen für Kooperation und Absprachen und haben die Einstellung – wie die Eltern auch –, ganz im Sinne des Kindes zu handeln. Ihnen sind vom Staat oft sehr enge Grenzen gesetzt; sie müssen Vorgaben der Ministerien erfüllen und haben oft auch nicht die Zeit und die Kraft, sich intensiv mit einer Thematik auseinanderzusetzen, die christlichen Eltern besonders wichtig ist.

Wenn Eltern etwas bewegen möchten, sollen sie ihre Kinder nicht einfach in der Schule abgeben, sondern sich aktiv in die Erziehungsarbeit einbringen. Dazu können sie die rechtlichen Möglichkeiten durch Mitbestimmung in den Gremien nutzen, aber auch den persönlichen Kontakt zu Lehrkräften und Schulleitungen.

Wenn Eltern etwas bewegen möchten, sollen sie ihre Kinder nicht einfach in der Schule abgeben, sondern sich aktiv in die Erziehungsarbeit einbringen.

Sie müssen aber unter Umständen auch bereit sein, ihr verfassungsmäßiges Recht zur Erziehung ihrer Kinder einzufordern und durchzusetzen. Dabei ist es sinnvoll, sich mit anderen Eltern zusammenzuschließen und geschlossen aufzutreten. Auf diese Weise kann – mit Weisheit und begleitet von Gebet – oft sehr viel erreicht werden.

7. Unterstützung durch Eltern und Gemeinde

Dieses eher praktische Kapitel ist eine Sammlung von Erfahrungen und Ratschlägen, die im Laufe vieler Jahre entstanden ist. Die nachfolgende Liste ist eher wie ein Wühltisch: Jeder nehme sich das heraus, was ihm geeignet und nützlich erscheint.

Hausaufgabenhilfe

Leistungsstarke Kinder schaffen es, die Hausaufgaben alleine zu erledigen und an alles zu denken. Andere Kinder benötigen deutliche Unterstützung der Eltern dazu. Hier ein paar Tipps, wie Eltern ihre Kinder bei den Hausaufgaben unterstützen können:

Tipp 1
Achten Sie auf **optimale Arbeitsbedingungen,** gutes Licht, einen festen Arbeitsplatz (am besten einen eigenen Schreibtisch). Studien haben ergeben, dass sich ein Kind bei schräg gestellter Arbeitsfläche besser konzentrieren kann. Auch der Stuhl sollte verstellbar sein, damit das Kind die Beine fest auf dem Boden hat. Die beste Temperatur fürs Lernen liegt zwischen 18 und 22 Grad.

Tipp 2
Lassen Sie Ihr Kind **selbst entscheiden**, wann es seine Aufgaben machen möchte. Wichtig ist nur, dass daraus eine Routine wird. Manche Kinder wollen gleich nach dem Mittagessen anfangen, manche möchten erst eine Pause machen. Allerdings: Die beste Zeit fürs Lernen ist etwa 90 Minuten nach dem Essen. Dann ist der Körper nicht mehr mit der Verdauung beschäftigt und der Geist wieder bereit, Neues aufzunehmen oder Gelerntes zu wiederholen. Außerdem erreicht der Biorhythmus vieler Menschen zwischen 15 und 17 Uhr ein Hoch.

Tipp 3
Arbeiten Sie zu Beginn eines jeden Schulhalbjahres einen Wochenplan aus. Das ist ein Stundenplan, der nicht nur die einzelnen Schulstunden auflistet, sondern auch die Nachmittags-Aktivitäten wie Sport, Musikunterricht, Chor oder Fußball. Ist das geschehen, legen Sie gemeinsam für jeden Tag eine **konkrete Hausaufgabenzeit** fest und tragen sie ein. Daran muss sich Ihr Kind halten. Sonst wird das Hinauszögern zur Methode.

Tipp 4
Ordnung und Übersichtlichkeit machen das Leben leichter: Der Schreibtisch sollte ausschließlich für die Hausaufgaben reserviert sein. CDs und Comics haben da nichts verloren. Bunte Ablagekörbe, liebevoll beklebte Aktenordner und Schnellhefter helfen, Spaß am Ordnung-Halten

zu bekommen. Denn wer organisiert lebt, spart Zeit. Und die kann ein Kind dann mit Dingen verbringen, die ihm wirklich Spaß machen.

Tipp 5
Generell gilt: **Zum Lernen ist der Abend tabu!** Sonst schiebt Ihr Kind die Aufgaben den ganzen Tag vor sich her. Das belastet. Außerdem regen sich Kinder und Eltern abends eher über verpatzte Aufgaben auf als am Nachmittag. Die Folge: Das Kind schläft schlecht ein, hat Albträume und ist morgens müde. ABER: Bei Teenagern kann der Biorhythmus kippen. Dann haben die Morgenmuffel plötzlich am Abend Power und können sich gut konzentrieren. Jetzt kann es auch sein, dass Teens besser abends als nachmittags arbeiten, was dann auch okay ist. Wichtig ist nur, auf die nötigen Stunden Schlaf zu achten.

Tipp 6
Musik fördert die Konzentration. Wenn Ihr Kind behauptet, dass es zu den Songs der aktuellen Charts besser lernen kann, ist das nicht ganz falsch. Erfüllen Sie ihm diesen Wunsch. Techno und harte Rhythmen können allerdings das Gegenteil bewirken – beobachten Sie ihr Kind dabei. Generell sollte die Musik immer nur leise im Hintergrund laufen, und auch das nur bei einfachen Routineaufgaben. Vokabeln lernen und Aufsätze schreiben kann ein Kind mit Backgroundmusik nicht.

Tipp 7
Realschüler und Gymnasiasten brauchen spätestens alle 45 Minuten **eine Pause**, Hauptschüler alle 30 Minuten. Das heißt: fünf Minuten aufstehen, die Beine bewegen, etwas zu trinken holen, das Zimmer lüften, kurz in den Garten oder auf den Balkon gehen und frische Luft schnappen.

Tipp 8
Halten Sie stets einen **Vorrat an Schulutensilien** parat (Bleistifte, Radiergummis, Füllerpatronen, verschiedene Schreibhefte). So vermeiden Sie, dass Ihr Kind die ersten zehn Minuten damit vertrödelt, im ganzen Haus nach einem Stift zu suchen.

Tipp 9
Stellen Sie zur Hausaufgabenzeit das **Telefon leise** und nehmen Sie das Smartphone an sich. Sorgen Sie dafür, dass auch die Freunde Ihres Kindes über diese Fixzeit Bescheid wissen. Außerdem ist „Ich rufe später zurück!" ein Satz, den auch Kinder lernen können.

Tipp 10
Belohnungen sind erlaubt und dürfen als kleine Motivationshilfe ruhig schon zu Beginn der Hausaufgaben angekündigt werden. Es dürfen auch Kleinigkeiten bleiben, damit nicht aus Pflichtaufgaben eine Anspruchshaltung entsteht. Die größte Belohnung ist jedoch der schulische Erfolg, der sich früher oder später durch eine gute Arbeitshaltung einstellen wird.[100]

Rituale und Routine

Hängen Sie Ihrem Schüler einen Tagesplan über den Schreibtisch, der eine tägliche Routine festlegt: nach der Schule erst Mittagessen, eine kurze Pause, dann die Hausaufgaben, dann Tasche packen, dann häusliche Pflichten und Dienste, dann Gemeinde/Hobby/Freunde, dann erst Medien. Eine Stunde vor dem Schlafengehen keine Bildschirme mehr. Müdemacher helfen, abends gesund einzuschlafen, wie z. B. Vorlesen, Tagebuch schreiben oder Hörspiele hören.

Den Lerntyp kennen und danach lernen

Kinder haben wie Erwachsene verschiedene Kanäle, auf denen sie Informationen aufnehmen können. Lernen wird effektiv, wenn Schüler wissen, welcher Lerntyp sie sind. Es gibt diverse Literatur und Internetseiten, auf denen man seinen Lerntyp testen kann. Die Konzepte sind nicht einheitlich, die hier aufgeführten Aspekte sind aber einigermaßen einfach und nachvollziehbar. Angegeben ist jeweils, wie dieser Lerntyp lernen sollte.

> » **Visueller Lerntyp** – Lernen durch Sehen
>> ◦ Sollte sich Schaubilder, Mindmaps oder Wandplakate machen
>> ◦ Sollte verschiedenfarbige Marker benutzen

- Sollte sein Heft ganz bewusst ordentlich führen (Ordnung im Heft schafft Ordnung im Kopf)
- Lernt aus Videos

» **Auditiver Lerntyp** – Lernen durch Hören
  - Sollte Vokabeln mit dem Handy lernen (z. B. mit Aufnahme-App: Vokabel aufsprechen, Pause, Übersetzung sagen, STOP, nächste Vokabel aufsprechen, Pause, Übersetzung, STOP usw.)
  - Sollte sich Inhalte abfragen lassen (hier sind Eltern gefragt, die mitmachen und zuhören)
  - Benötigt eine ruhige Lernatmosphäre, um alles mitzubekommen
  - Ist ein Hörbücher-Typ
  - Profitiert vom Frontalunterricht; ist benachteiligt, wenn viel (selbständig) in Stillarbeit erarbeitet werden muss

» **Verbaler Lerntyp** – Lernen durch Sprechen
  - Lernt dadurch, dass er anderen erzählt, was er gelernt hat
  - Denkt laut
  - Kann auch effektiv lernen, indem er Selbstgespräche führt
  - Kann gut in Gruppen lernen
  - Sollte sich zur Wiederholung selbst Dinge laut vorlesen

» **Haptischer Lerntyp** – Lernen durch Bewegung
  - Kann am besten schreibend lernen

- Lernt, indem etwas nachgebaut wird
- Ist gerne in Bewegung, lernt beim Joggen; kann im Gehen schneller lernen als im Sitzen

Wenn Eltern sich überhaupt nicht klar sind, welcher Lerntyp ihr Kind ist, kann das mit einem Lerntypentest überprüft werden. Allerdings geben die Ergebnisse nur eine grobe Einschätzung; je jünger das Kind ist, desto unklarer ist der genaue Lerntyp. Schüler von weiterführenden Schulen können sich hingegen schon ganz gut einschätzen. [101]

Dienste und Hausarbeit

Auch wenn Küchendienst, Mülldienst, Haustierdienst, Putzdienst, Bügeln, Frühstücksdienst, Staubsagen und das Aufräumen des Zimmers nichts direkt mit der Schule zu tun haben, fördern sie doch Fähigkeiten und Einstellungen, die dafür notwendig sind. Die „lästigen" Pflichten in einer Familie sind taugliche Werkzeuge zur Charaktererziehung. Es ist die Kunst, den „inneren Schweinehund" zu überwinden und sich selbst zu bezwingen. Wenn Kinder gelernt haben, diese Pflichten zu erfüllen und dass „keine Lust" eben keine Ausrede ist, können sie später auch diszipliniert andere Aufgaben übernehmen, sind resistenter gegen Überforderung und lassen sich nicht so schnell von ihren Launen leiten.

> Die „lästigen" Pflichten in einer Familie sind taugliche Werkzeuge zur Charaktererziehung.

Es schenkt Erfüllung und ist gut, wenn nach getaner Arbeit ein Lob der Eltern folgt. Es muss aber nicht jede einzelne Arbeit belohnt werden, oft reicht ein „Danke" aus. Manche Mütter legen ihren Kindern eine Kleinigkeit aufs Kopfkissen, wenn sie ihre Hausdienste in der Woche gewissenhaft erfüllt haben. Eine Tafel Schokolade, eine Tüte Chips oder eine Danke-Karte können eine Menge Motivation schaffen. Sie zeigen dem Kind: „Ich werde wahrgenommen, meine Leistung wird anerkannt."

Berufswahl

In manchen Bundesländern beginnt die Berufsorientierung schon der in der 7. Klasse, spätestens aber in der 8. Klasse, wenn die Schüler also 13 oder 14 Jahre alt sind. Ob sie sich bis dahin ernsthaft mit ihrer beruflichen Zukunft beschäftigt haben, können Eltern beeinflussen. Teenager haben dabei Ängste, das Gefühl des Reif-Werdens kann Schüler auch überfordern und zu einer Null-Bock-Haltung führen, die aber nichts anderes sagt als: „Ich bin mir total unsicher ..." Dabei gibt es nicht DEN Beruf, der zum jeweiligen Teenager passt, sondern immer eine Bandbreite möglicher Berufe.

Wenn die Arbeitswelt, der Berufsalltag der Eltern und Zukunftsfragen selbstverständliche Themen am Mittagstisch zu Hause sind, haben Schüler viel weniger Ängste und Hemmungen, sich diesen wichtigen Fragen auch in der Schule zu stellen. Die Eltern sind nach Expertenmeinung

Die Eltern sind nach Expertenmeinung die Berufsberater Nr. 1.

die Berufsberater Nr. 1. Da die Frage der beruflichen Zukunft bei Teenagern in der Regel Zurückhaltung und Sorgen auslöst, kann eine gute Vorbereitung der Eltern helfen:

» Informieren Sie sich, ob Ihr Wissenstand über bestimmte Branchen, Betriebe und Berufsbereiche noch aktuell ist.

» Prüfen Sie sich kritisch, ob Ihr Rat wirklich die Interessen des Teenagers oder Ihre eigenen widerspiegelt.

» Nehmen Sie Ihr Kind an die Hand, besuchen Sie z. B. ein Berufsinformationszentrum (BIZ) und sorgen Sie für einen Beratungstermin beim Berufsberater, aber begehen Sie nicht den Fehler, etwas zu leisten, was Ihr Kind selbst leisten könnte.

» Der Satz „Das musst du selbst entscheiden" vermittelt das Gefühl, alleine gelassen zu werden. Wenn Eltern ein offenes Ohr haben und bereit sind, ihrem Teenager zuzuhören und zu raten, wird dieses Gefühl sicher vermieden.

» Sie können Ihrem Kind eine Rückmeldung über Stärken und Schwächen geben und sogar den ersten Berufswahltest gemeinsam mit ihm machen.[102]

» Beraten Sie ihr Kind mehrgleisig: Es sollte einen Plan A, B und C geben, z. B. für die Frage, was nach der Mittelstufe kommt: Ausbildung, Abitur oder FSJ. Für jede dieser Optionen kann dann eine passende Ausrichtung gefunden werden.

» Helfen Sie beim Verfassen einer Bewerbung und lesen Sie diese mit den Augen Ihres Kindes. Sie muss nicht perfekt formuliert, sondern vor allem echt sein. Im Vorstellungsgespräch werden Ausbilder sonst schnell feststellen, von wem die Formulierungen der Bewerbung stammen. Eine gute Hilfe dazu finden Sie unter http://bwt.planet-beruf.de/

» An manchen Schulen läuft die Berufsberatung sehr vorbildlich, an anderen eher nebenbei. Sprechen Sie mit den Lehrern der Schule, welche Angebote innerschulisch gemacht werden und stimmen Sie Ihre Aktivitäten darauf ab.

» Längst ist das Abitur nicht mehr der Stein der Weisen. Das duale Ausbildungssystem in Deutschland hat international einen anerkannten Ruf. Nach der Schule eine Ausbildung zu beginnen kann als gleichwertig zum Abitur angesehen werden.

Was Gemeinden tun können:
Helfen, den Glauben zu verteidigen

Der Apostel Paulus schrieb seine Briefe anlassbezogen an die Gemeinden und orientierte sich an den realen Herausforderungen, die die einzelnen Ortsgemeinden hatten. Es ist eine besondere Aufgabe der Gemeinden, in Predigten und Beiträgen die besonderen Herausforderungen der Familie zu thematisieren, wie sie sich heute stellen. Viele Christen wissen gar nicht mehr, wie man seinen Glauben verteidigen soll; sie wurden dazu nie herausgefordert, es war um sie herum alles immer irgendwie „christlich". Es geht dabei nicht nur um Argumente der Logik und Vernunft, sondern um eine Festigkeit, auf der der Glaube ruht.

Wir befinden uns heute in einer ähnlichen Situation wie Israel nach der Landeroberung. Josua war gestorben, und die erste Generation der Ältesten war ihm gefolgt. In Bochim (Ri 2,1-11) ermahnt der Engel des Herrn das Volk, sie hätten seiner Stimme nicht gehorcht und die Bewohner des Landes nicht vertrieben, wie Gott es angeordnet hatte. Und wie reagieren sie auf Gottes Schimpfen? „Da erhob das Volk seine Stimme und weinte." Und dann? Ja, das war's, man weinte! Man beließ es bei einer starken emotionalen Reaktion. Man war heftig erschüttert, mehr aber auch nicht. Und wir Christen haben uns auch daran gewöhnt, emotional erregt zu sein und uns sogar zu empören, aber dann passiert weiter nichts. Gott erwartete von den Israeliten ja, dass sie in Ordnung brachten, was an Mangel deutlich geworden war. Stattdessen dachten sie vielleicht, Gott wäre von ihrer Erregtheit beeindruckt. Aber er legt seinen Finger in die Wunde der Untätigkeit und fordert zur Umkehr auf.

Es reicht nicht, dass wir uns als Christen nur über den Wandel der Gesellschaft empören, wir sind herausgefordert, sie zu prägen und dafür unseren Kopf in den Wind zu halten. Und es ist auch nicht damit getan, dass wir das inbrünstig innerhalb unserer Gemeinderäume tun. Wir müssen auch bereit sein, alle uns rechtlich zur Verfügung stehenden Mittel auszuschöpfen, um deutlich zu machen, wofür wir stehen. Gelegenheiten bieten sich viele, sei es eine Demo, ein „Marsch für das Leben", eine Petition oder eben ein Elternabend in der Schule. Wir sollten den Säkularen das Feld nicht einfach überlassen und enttäuscht über Verantwortliche schimpfen, die nicht im Sinne christlicher Eltern entscheiden wollen.

> Es reicht nicht, dass wir uns als Christen nur über den Wandel der Gesellschaft empören, wir sind herausgefordert, sie zu prägen und dafür unseren Kopf in den Wind zu halten.

Gemeindearbeit – beste Prävention

Wir empfehlen Eltern bei der Anmeldung an der Schule, dass sie auf eine gemeindliche Bezugsgruppe des Kindes außerhalb der Schule achten. Nach meiner Beobachtung neigen Schüler, die fest in Kinderstunden, Jungschargruppen, Teeniekreisen oder Jugendgruppen integriert sind, weniger zu Alkoholmissbrauch oder Suchtverhalten und sind eher gewappnet gegen Ausgrenzung und Druck. Sie wirken stabiler und belastbarer. Denn sie erleben, dass Gott ein fester Halt ist, und wissen um die Macht des Gebets. Sie erfahren, dass der Sinn des Lebens nicht darin besteht, nichts zu verpassen, sondern in einer aktiven Beziehung zu Gott zu leben. Sie erleben Annahme von Gleichaltrigen, ohne sich erst beweisen zu müssen. Sie lernen, ihre eigenen Schwächen nicht nur als Makel zu sehen, sondern als Anlass, barmherzig mit anderen umzugehen. Gott ist uns in Jesus Christus gnädig, und wir dürfen barmherzig mit unseren Mitmenschen umgehen.

> Sie lernen, ihre eigenen Schwächen nicht nur als Makel zu sehen, sondern als Anlass, barmherzig mit anderen umzugehen.

Die ganz normale Gemeindearbeit ist schon 90 % dessen, was Gemeinden leisten können. Jede noch so unbeholfene Aufmerksamkeit für Kinder, Teenager und Jugendliche ist wertvoll. Je breiter das Angebot ist und je kleiner die Altersspannen sind, desto gezielter kann auf die Bedürfnisse und Fragen der Kinder eingegangen werden. Viele Themen aus dem Alltag der Kinder können auch hier angesprochen werden. Intime Details der Sexualerziehung gehören nicht hierher, sie sind in Elternhaus und Schule bereits gut aufgehoben. Die Frage der Partnerwahl ist aber auch für Teeniekreise und Jugendgruppen interessant.

Wenn Gemeinden darüber hinaus Referenten für Familienthemen einladen, Eheabende veranstalten, IT-Service-Treffen zwischen der Jugendgruppe und Eltern vermitteln, Mitarbeiter zu Schulungen schicken und schwierige Themen nicht tabuisieren, sondern ins Gebet nehmen, haben sie fast alles geleistet, was Gemeinden überhaupt tun können.

Besonders im Fokus stehen sollten die Mitarbeiter in der Kinderarbeit; sie benötigen regelmäßiges Feedback und gemeinsame Treffen, in denen sie sich darüber austauschen können, wo der „Schuh drückt". Ein bis zwei Jahresmitarbeitertreffen sind sicher eine Hilfe.

Vor zwei Jahren kam ein Zuhörer nach einem Vortrag vor Gemeindemitarbeitern auf mich zu und offenbarte sich als ehemaliger Schüler von mir. Er berichtete von seinem schwierigen Elternhaus und bekannte, nach der Schule eine „wilde" Zeit gehabt zu haben und auf die schiefe Bahn geraten zu sein. Es war schließlich ein Jugendmitarbeiter der Gemeinde seiner Eltern gewesen, der sich Zeit für ihn nahm, ihn einlud, eine Beziehung aufbaute und ihn schließlich zum Glauben an Jesus führte. Nun stand er vor mir und war für diesen Mitarbeiter so dankbar; dieser hatte für ihn als Freund ein Stück weit die Vaterrolle übernommen.

Tatsächlich können Bezugspersonen in den Gemeinden durch Jüngerschaft ganz viel auffangen, was in Familien schiefgelaufen ist. Diese Einflussmöglichkeit haben Schulen in der Regel nicht. In

Tatsächlich können Bezugspersonen in den Gemeinden durch Jüngerschaft ganz viel auffangen, was in Familien schiefgelaufen ist.

Gemeinden sollte dieser Dienst aber mehr Anerkennung finden. Wir haben oft die regelmäßigen Stunden im Blick und die Mitarbeiter, die sich Woche für Woche vorbereiten, und das ist auch gut so. Die Arbeit in der Jüngerschaft ist aber genauso wichtig, und es ist gut, wenn wir ihr intern mehr Wahrnehmung verschaffen können.

Flexibel sein

Die Vorstellung „Alle machen alles immer zur selben Zeit und am selben Ort" ist passé. Die Ganztagsschule hat vielerorts die Gemeinden verändert. Wenn Schüler bis um 15.45 Uhr in der Schule sind, kann die Kinderstunde nicht um 16 Uhr starten. Entsprechend verlagern sich die Angebote von Gemeinden – wie auch von Vereinen – in den späten Nachmittag und Abend. Viele Vereine haben mit sinkenden Mitgliederzahlen zu kämpfen, u. a. weil durch die Ganztagsschule weniger Freizeit zur Verfügung steht.

Wenn Schüler nach dem Ganztag noch Hausaufgaben erledigen und für Arbeiten lernen müssen, bleibt weniger Zeit für die Familien, und diese wenige gemeinsame Zeit wird kostbarer. Die Gemeinden müssen darauf reagieren und flexibel sein. Ein Termin immer am selben Tag zur selben Zeit ist für viele Schüler schwierig geworden, es ist für sie kaum noch möglich, die Fülle an Terminen unter einen Hut zu bekommen. Da hilft es z. B., vom wöchentlichen in den zweiwöchentlichen Rhythmus überzugehen oder immer wieder die Wochentage zu wechseln. Nicht selten kommt es vor, dass der Tag für den Teeniekreis auch mehrmals im Schuljahr angepasst wird.

Wenn die Kinderstunde in der Woche unmöglich wird, muss sie auf den Sonntag verlegt werden, ggf. parallel zum Gottesdienst. Das geht dann nur im zweiwöchentlichen Rhythmus, damit die Mitarbeiter auch unter Gottes Wort kommen. Klar ist, dass die Flexibilität der Kinder auch an den Mitarbeitern zerrt, ihre Familien müssen das ja mitmachen. Oft sind sie selbst auch Väter und Mütter, die zu Hause mit denselben Herausforderungen zu tun haben. Hier wäre es eine Hilfe, wenn drei Mitarbeiter einer Gruppe ihre Dienste so eintragen, dass jeder bei jedem dritten Treffen eine Pause hat, um den eigenen familiären Verpflichtungen nachzukommen.

Intensivzeiten

Neben den wöchentlichen Treffen sind Intensivzeiten wie Freizeiten, Tagesausflüge und gemeinsame Übernachtungen wichtige Highlights, an die sich Kinder gerne erinnern. Selbst wenn eine Gruppe mal längere Zeit pausieren musste, macht eine Freizeit doch eine Menge wett. Oft berichten Kinder begeistert von den Bibelarbeiten, der gemeinsamen Zeit beim Basteln oder Sport und fühlen sich wieder in die Gruppen hineingenommen. Es sind oft diese kurzen Momente des Gesprächs zwischen Mitarbeitern und Teilnehmern, die sich im Gruppenalltag unterhalb der Woche kaum ergeben, aber lebensverändernde Weichenstellungen für die Teilnehmer haben.

Kluge Planung in Gemeinde und Familie

Je älter die Kinder werden, desto besser müssen die Terminkalender aller Familienmitglieder aufeinander abgestimmt sein. Eine Hilfe ist ein zentraler Planer, z. B. in der Küche, in der jedes Familienmitglied eine Spalte hat und in den einmal die Woche alle bekannten Termine eingetragen werden. Mittlerweile helfen technische Mittel wie z. B. Google-Kalender, die verschiedenen Terminplanungen übereinanderzulegen und Lücken zu finden. Je besser eine Woche geplant ist, desto eher können gemeinsame Zeiten vorbereitet und genutzt werden. Die Vorfreude ist garantiert.

> Je besser eine Woche geplant ist, desto eher können gemeinsame Zeiten vorbereitet und genutzt werden.

Diese Planung ist mittlerweile auch in den Gruppen der Gemeinden erforderlich. Um sich mit Teens abzustimmen, ist eine gemeinsame WhatsApp-Gruppe zu empfehlen, für die klare Regeln vereinbart wurden. Um auf kurzfristige Änderungen reagieren zu können und Organisatorisches regeln zu können, ist WhatsApp eine Hilfe. Für tiefe Gespräche oder um Probleme zu besprechen, taugt diese Gesprächsebene allerdings nicht.

IT-Support für Eltern

Um Eltern und Großeltern bei der Medienerziehung ihrer Kinder zu unterstützen, können sie sich einen Crashkurs von Jugendlichen der Gemeinde geben lassen. In fast jeder Gemeinde finden sich technikaffine Jugendliche, die mit ihrem Knowhow Eltern auf die Beine helfen können und ihnen z. B. einen kindersicheren PC einrichten, die FRITZ!Box konfigurieren oder Eltern-Apps auf dem Smartphone des Kindes einrichten. Einmal im Jahr einen Samstag zu reservieren, damit Eltern sich auf den neuesten Stand bringen lassen, motiviert die Jugendlichen und hilft den Eltern.

Eltern einbinden

Was der Elternsprechtag in der Schule ist, kann ein Elterngesprächskreis in der Gemeinde sein. So ein Termin ist geeignet, um den Eltern ein Feedback zu ihren Kindern zu geben, wie diese in der Sonntagsschule oder Jungschar wahrgenommen werden. Dort kann mitgeteilt werden, wo Mitarbeiter vielleicht Schwierigkeiten sehen, aber auch, wo sich Erfreuliches tut. Leider beschränken sich Rückmeldungen von Mitarbeitern in der Gemeinde in Richtung Eltern manchmal auf negative Auffälligkeiten, dabei fehlt dann am Sonntag zwischen Tür und Angel die Zeit, ausführlich darüber zu sprechen und für das Kind zu beten.

Eltern sollten von sich aus immer wieder einmal bei Mitarbeitern nachfragen, wie sich ihr Kind präsentiert und ob sie die Arbeit irgendwie unterstützen können. Die eine oder andere Aufmerksamkeit als Dankeschön wird auch Mitarbeiter in ihrer Arbeit ermutigen.

Vielleicht gibt es in der Gemeinde Mitarbeiter, die eine Erzieherausbildung gemacht haben und aus der Kita einen Beobachtungsbogen mitbringen können, wie ihn Erzieher in der Beurteilung von Kindern verwenden. Einiges davon kann auch für die Gemeindearbeit übernommen werden und gibt Mitarbeitern ein Kriterienkatalog an die Hand, worauf man eigentlich beim Kind alles achten sollte.

Gebet

Die Bibel fordert uns in 1Tim 2,1.2 auf, für das politische Klima und die Politiker zu beten: *„Ich ermahne nun vor allen Dingen, dass Flehen, Gebete, Fürbitten, Danksagungen getan werden für alle Menschen, für Könige und alle, die in Hoheit sind, damit wir ein ruhiges und stilles Leben führen in aller Gottesfurcht und Ehrbarkeit."*

In den Gebetsstunden sollte auch namentlich für Politiker, Beamte, Klassenlehrer, Schulleitungen und für alle, die als Entscheider Einfluss auf unsere Kinder und Familien haben, gebetet werden. Darüber hinaus benötigen unsere Familien, Gemeindemitarbeiter und Eltern unser intensives Gebet. Es lohnt sich, auch hier die Gebetsaufgaben zu verteilen und Gebetspatenschaften einzurichten; die kurzen Berichte in der Gebetsstunde werden uns ermutigen.

Dass Paulus gerade hier mehrere Facetten des Gebets aufzeigt, macht deutlich, dass wir eine differenzierte Sicht auf das behalten sollen, was sich im Land tut. Wir sollen die ganze Bandbreite im Blick behalten: vom Flehen um dringliche Änderungen und Bewahrung, über das Vortragen immer wiederkehrender Bitten, über Fürbitten bis zu Danksagungen.

> Wir sollen die ganze Bandbreite im Blick behalten: vom Flehen um dringliche Änderungen und Bewahrung, über das Vortragen immer wiederkehrender Bitten, über Fürbitten bis zu Danksagungen.

Fazit

Eltern können ihre Kinder in der Schule unterstützen. Die Hilfe reicht von der Aufsicht über die Hausaufgaben bis zur Beratung in der Berufswahl. Auch Gemeinden sind herausgefordert, kreativ auf Veränderungen wie die Ganztagsschule zu reagieren. Eine flexible Zeitplanung und eine enge Zusammenarbeit mit den Eltern sind Stützen der Familien, mit denen Eltern gestärkt und Kinder zur Nachfolge ermutigt werden.

Familie ist ein Wunder Gottes, seine geniale Idee. Sie ist Keimzelle von Gemeinde und Gesellschaft und wird alle gesellschaftlichen Wandlungen überstehen, weil sie sein Werk und seine Idee ist.

Sie zu ehren und zu pflegen bedeutet, Gott zu ehren und ihn zu lieben.

Quellen

1 Präambel des Grundgesetzes

2 IdeaSpektrum in der Ausgabe vom 30.06.2017

3 Stellungnahme des Rates der EKD zur Debatte über die „Ehe für alle" vom 28.06.2017: „Dass auch für gleichgeschlechtlich liebende Menschen, die den Wunsch nach einer lebenslang verbindlichen Partnerschaft haben, der rechtliche Raum vollständig geöffnet wird, in dem Vertrauen, Verlässlichkeit und Verantwortung durch gesetzliche Regelungen geschützt und unterstützt werden, begrüßt die EKD. Die Bedeutung der Ehe zwischen Mann und Frau wird dadurch keineswegs geschmälert. Im Gegenteil – sie wird noch einmal unterstrichen."

4 Zitiert nach http://www.queer.de/detail.php?article_id=29169

5 Uwe Heimowski, PRO Christliches Medienmagazin, S. 13, Ausgabe 4/2017, Printversion

6 A. a. O., Ausgabe 22/2015

7 David Gooding: *Truth to the Faith,* The Myrtlefield Trust, 1995, S. 10

8 Gooding, a. a. O., S. 11

9 Gooding, a. a. O., S. 12

10 Alvin J. Schmidt: *Wie das Christentum die Welt veränderte,* Resch 2009, S. 43

11 Schmidt, a. a. O., S. 53

12 Schmidt, a. a. O., S. 57

13 Schmidt, a. a. O., S. 58

14 Vishal Mangalwadi: *Das Buch der Mitte,* fontis 2009, S. 393

15 Roland Bainton: *Here I Stand, Martin Luther,* UK, Lion 1978, S. 298

16 Mangalwadi, a. a. O., S. 399

17 Vishal Mangalwadi: *Wahrheit und Wandlung,* fontis 2016, S. 54

18 Mangalwadi, a. a. O., S. 55

19 https://www.ojc.de/salzkorn/2008/ revolution/christival-2008-toleranz/

20 Urteil des BVerwG vom 19.02.1992, Az.: 6 C 3/91, Absatz 48 (Hervorhebungen durch den Autor)

21 Blaise Pascal: *Das Herz hat seine Gründe, die der Verstand nicht kennt,* Marixverlag 2012, Einleitung

22 François Höpflinger, http://www.hoepflinger. com/fhtop/Wandel-der-Familien.pdf, S. 4

23 https://www.destatis.de/DE/ZahlenFakten/ GesellschaftStaat/Bevoelkerung/Geburten/ Tabellen/GeburtenMutterAlterBundeslaender. html

24 https://de.statista.com/statistik/daten/ studie/1324/umfrage/uneheliche-kinder-anteil-an-allen-geburten/

25 Höpflinger, a. a. O., S. 7

26 Ergebnis der Sinus-Studie 2016; http://www. wie-ticken-jugendliche.de/home.html

27 „Stief" ist verwandt mit mittelhochdeutschen Verben, die so viel heißen wie: „der Kinder oder Eltern berauben", s. https://de.m.wiktionary.org/wiki/stief-

28 Matthias Matussek: *Die vaterlose Gesellschaft*, Rowolt 1998. 1997 verließ Ulrike Mattusek ihren Mann, der damals Spiegel-Korrespondent in New York war, und zog mit dem gemeinsamen Sohn nach Berlin. Von dort ließ er den Jungen per Anwalt nach New York zurückholen. Nach Erscheinen des Buches/Artikels fanden die beiden wieder zusammen.

29 Spiegel Spezial, Mann+Frau=Krise?, Ausgabe 5/1998

30 Georg Huntemann im Artikel „Die gegenwärtige Moralrevolution zerstört die Familie", veröffentlicht am 5. November 2014 aus „Bibel und Gemeinde 114", Band 4 (2014), S. 21-32

31 Ebd.

32 https://www.destatis.de/DE/ZahlenFakten/GesellschaftStaat/BildungForschungKultur/Schulen/Tabellen/AllgemeinBildendeBeruflicheSchulenLehrkraefte.html

33 Huntemann, a. a. O., S. 21-32

34 Michael Winterhoff: *Warum unsere Kinder zu Tyrannen werden*, Goldmann 2010

35 Winterhoff, a. a. O., S. 127

36 Paul Donders: *Resilienz – Gesünder leben, sinnvoll leisten*, xpand edition, 2017

37 Die Studie 2010: https://www.worldvision-institut.de/kinderstudien-kinderstudie-2010-zusammenfassung.php.

Die Studie 2013: https://www.worldvision-institut.de/_downloads/allgemein/Zusammenfassung_Journalisten.pdf

38 Zu unterscheiden von *transsexuellen* Menschen (die biologisch eindeutig Mann oder Frau sind, sich aber im falschen Körper *fühlen*). Bei intersexuellen Menschen ist der Chromosomensatz zwar auch eindeutig männlich (XY-Chromosom) oder weiblich (XX-Chromosom), allerdings sind die Geschlechtsorgane aufgrund hormoneller Defekte nicht eindeutig ausgebildet. Manchmal sind die Hoden im Bauchraum geblieben, die Keimdrüsen (produzieren Sexualhormone) sind fehlentwickelt bzw. fehlen ganz, oder die Nebennierenrinde ist gestört.

39 Vishal Mangalwadi: *Wahrheit und Wandlung,* S. 56-57

40 Matthias Horx: *Wie wir leben werden: unsere Zukunft beginnt jetzt,* Campus-Verlag, 2006, S. 107

41 Manfred Spieker: *Gender-Mainstreaming in Deutschland,* Schöningh-Verlag, S. 7

42 Spieker, a. a. O., S. 25

43 Bundesministerium für Familie, Senioren, Frauen und Jugend, Familie zwischen Flexibilität und Verlässlichkeit. Perspektiven für eine lebenslaufbezogene Familienpolitik, 7. Familienbericht, 2006, S. 91

44 Engl. für „vielfältig". Der Begriff wird als Gegenstück zu „Diskriminierung" verstanden und sammelt alle Maßnahmen, die sich gegen „Diskriminierung" wenden.

45 Uwe Sielert: *Gender-Mainstreaming im Kontext einer Sexualpädagogik der Vielfalt*, S. 22

46 Spieker, a. a. O., S. 31

47 Auf der Website http://www.gender-kinderbuch.de/buch.htm werden 33 Bilder- und Kinderbücher nebst gender-freundlicher Rezension vorgestellt.

48 Sylvia Pah und Joke Schat: *Zusammengehören*, Donna Vita (Mebes & Noack), 1994

49 Meir Shalev und Jossi Abulafja: *Papa nervt*, Diogenes, 1994

50 Leo Lionni: *Das kleine Blau und das kleine Gelb*, Oetinger, 1962, dt. Ausgabe 2007

51 Aktionsplan, a. a. O. S. 20

52 Steht für „Schwul-lesbische-Aufklärung"

53 https://www.schulentwicklung.nrw.de/q/upload/Gender/Gender_Mainstream-Konzept_Merkblatt_2015.pdf

54 Konzept, a. a. O. S. 4

55 https://de.m.wikipedia.org/wiki/Gender-Mainstreaming

56 LSBTTIQ (auch LGBT oder GLBT) ist eine aus dem englischen Sprachraum kommende Abkürzung für *Lesbian, Gay, Bisexual, Transgender and Queer*, also Lesben, Schwule, Bisexuelle, Transgender und Queere.

57 https://demofueralle.wordpress.com/2015/03/20/umerziehungsprogramm-der-lsbttiq-community-fur-baden-wurttemberg/ (Abruf am 20.08.2017)

58 Spieker, a. a. O. S. 40

59 Z. B. http://www.schlau-hessen.de, Startseite, Abruf am 02.09.2017

60 http://www.elternverein-nrw.de

61 https://www.mgepa.nrw.de/mediapool/pdf/ emanzipation/lsbt/NRW_Aktionsplan_gegen_ Homo-_und_Transphobie_20121031__2_.pdf

62 Qualitätsstandards Hessen, a. a. O., S. 5

63 http://www.schlau-hessen.de/wp-content/ uploads/2016/04/SCHLAU-Qualitätsstan- dards-Web.pdf

64 Elisabeth Tuider, Jahrgang 1973, ist Professorin an der Universität Kassel, wo sie das Fachgebiet „Soziologie der Diversität" leitet. Ihre Schwer- punkte sind Genderforschung, Sexualpädagogik und Prävention von sexueller Gewalt.

65 Elisabet Truider u. a.: *Sexualpädagogik der Vielfalt, Praxismethoden zu Identitäten, Beziehungen, Körper und Prävention für Schule und Jugendarbeit,* 2. Aufl. Winheim/Basel 2012, S. 23

66 https://kultusministerium.hessen.de/sites/ default/files/media/hkm/lehrplan_sexualer- ziehung_formatiert_neu.pdf

67 Sexualkundelehrplan Hessen, a. a. O., S. 1

68 http://esolde.uni-bayreuth.de/entschei- dungen/492-staatsorganisationsrecht/ verfassungsprinzipien/rechtsstaat/gesetz- maessigkeit-der-verwaltung/wesentlichkeitsleh- re/477-bverfg-sexualkundeunterricht

69 Zahlen für das Schuljahr 2014/2015

70 Konzept, a. a. O., S. 3

71 Konzept, a. a. O., S. 4

72 https://www.iwkoeln.de/presse/
pressemitteilungen/beitrag/lohnluecke-der-
staat-muss-nicht-handeln-286778

73 Walter Mehl in *Scham und Würde*, Zeitschrift des
Weißen Kreuzes, IV 2007, S. 3

74 Dorothee Erlbusch in *Scham und Würde*, Zeitschrift des Weißen Kreuzes, IV 2007, S. 11

75 Bruno und Yvonne Schwengler: *Erziehung –
Frust oder Lust?*, CBR 1996, S. 177

76 Auf einer Fachtagung des VEBS im Herbst 2016

77 Erschienen im Brunnen-Verlag, 23. Auflage 2015

78 Sexting ist ein Trend unter Jugendlichen, der vor
allem durch Messenger-Dienste möglich wurde.
Das Wort setzt sich zusammen aus „Sex" und
„texting" und meint das Versenden von freizügigen Bildern an Einzelpersonen oder Gruppen.
Sie sehen das als digitalen Liebensbeweis und
denken, dadurch attraktiver für andere Partner
zu sein.

79 Zu Deutsch: „Anbahnung". Bezeichnet das Ver-
halten von Erwachsenen, die gezielt Kinder oder
Jugendliche ansprechen, um einen sexuellen
Kontakt herzustellen.

80 Tabea Freitag: *Fit for Love, Praxisbuch für eine bin-
dungsorientierte Sexualpädagogik*, Hannover 2015,
S. 25

81 Tabea Freitag, a. a. O., S. 138-140

82 http://www.cnet-training.com/wp-content/
uploads/2017/05/What-Happens-in-an-
Internet-Minute.jpeg

83 Ein Ausdruck, den Luciano Floridi in seinem
   Buch *Die 4. Revolution – Wie die Infosphäre unsere
   Leben verändert* gebraucht

84 https://de.statista.com/statistik/daten/
   studie/309656/umfrage/prognose-zur-anzahl-
   der-smartphone-nutzer-weltweit/

85 https://www.die-schwenninger.de/fileadmin/
   presse/user_upload/Studien/Studie-Zukunft_
   Gesundheit_2015.pdf

86 https://www.dgsf.org/presse/pressespiegel-2/
   wie-facebook-co-das-familienleben-zerstoeren

87 Nicholas Carr: *Wer bin ich, wenn ich online bin
   … und was macht mein Gehirn solange? – Wie das
   Internet unser Denken verändert,* Blessing, S. 194

88 engl. für „Massively Multiplayer Online Ro-
   le-Playing Game", also Spiele mit sehr vielen
   Nutzern, die bestimmte Rollen übernehmen

89 http://www.n-tv.de/technik/Millionen-
   sind-Kokain-der-Spielewelt-treu-article14506226.
   html

90 Alternseinstufung von Filmen, die gesetzlich
   angegeben werden muss

91 Jugend, Information, (Multi-)Media, „https://
   www.mpfs.de/studien/jim-studie/2016/

92 https://www.schau-hin.info/informieren/
   extrathemen/cybermobbing.html

93 http://www.janellburleyhofmann.com/
   the-contract/

94 Petra Gerster, Christian Nürnberger: *Charakter – Worauf es bei der Bildung wirklich ankommt,*
   Rowohlt Verlag 2014, S. 11-12

95 https://www.unicef-irc.org/publications/pdf/rc7_eng.pdf

96 http://www.kmk.org/fileadmin/Dateien/veroeffentlichungen_beschluesse/2003/2003_12_04-Elternhaus-Schule.pdf

97 https://www.jurion.de/urteile/bverwg/1993-08-25/bverwg-6-c-8_91/

98 https://www.jurion.de/urteile/bverwg/2011-11-30/bverwg-6-c-2010/

99 https://www.rechtslupe.de/verwaltungsrecht/die-schulpflicht-und-das-religioese-erziehungsrecht-der-eltern-367990

100 http://gesamtschule.ahfs-detmold.de/fileadmin/user_upload/Hausaufgaben_-_Elterntipps.pdf

101 Ein Lerntypentest mit einer Übersicht findet sich z. B. hier: https://www.philognosie.net/denken-lernen/lerntypen-test-welcher-lerntyp-bin-ich

102 Wir empfehlen den Situativen Interessenstest von Werner Stangl unter http://www.stangl-taller.at/ARBEITSBLAETTER/TEST/SIT/index.php

Hartmut Jaeger/Berthold Meier (Hg.)
Tipps für Kids
Hilfen für Schüler und Eltern aus christlicher Sicht
Tb., 160 S., 11 x 18 cm
Best.-Nr. 271 106
ISBN 978-3-86353-106-5

Hier finden Schüler Antworten auf Fragen wie:
„Was soll ich tun, wenn …?" Es behandelt einige
Dauerthemen wie „Überforderung", „Gewalt",
„Drogen", „sexuelle Vielfalt" u. v. m. Erste Ziel-
gruppe des Buches sind Schüler, aber auch Eltern,
Lehrer und Betreuer können sich informieren und
mithilfe dieses Buches die Themen aufarbeiten.

Michael Kotsch (Hg.)
Abschied von den Geschlechtern
Die Gender-Ideologie im Vormarsch
Tb., 128 S., 11 x 18 cm
Best.-Nr. 273 967
ISBN 978-3-89436-967-5

Hinter dem Begriff „Gender-Mainstreaming"
verbirgt sich eine Ideologie, nach der jeder Mensch
seine geschlechtliche Identität selbst bestimmen
kann. In der Folge soll jede sexuelle Orientierung
als gleichwertig betrachtet werden. Wo liegen die
Wurzeln eines solchen Konzepts? Wie sehen die
Konsequenzen aus? Wie sollen sich Christen dazu
stellen?

Eberhard Platte
Mutig erziehen
Von Familien der Bibel lernen
Pb., 208 S., 13,5 x 20,5 cm
Best.-Nr. 271 114
ISBN 978-3-86353-114-0

Was nützt alle Erziehung? Die Kinder machen
einem ja doch alles nach! Viele Eltern lassen resig-
niert die Schultern hängen, wenn es um die Erziehung geht. Was können wir heute von den Famili-
en der Bibel lernen, wie unsere Kinder zu dem hin
erziehen, der sie uns anvertraut hat – Gott?

Melody Carlson
Alles, nur kein Sprücheklopfer
Salomos Weisheiten für Teens von heute
Flexi-Cover, 112 S., 11 x 16,5 cm
Best.-Nr. 271 028
ISBN 978-3-86353-028-0

Das Leben steckt voller Herausforderungen für
Teenager. Gruppendruck, falsche Freunde, Stress
mit den Eltern … Hier findest du Verse aus dem
Buch der Sprüche mit jeweils einer kurzen Erklä-
rung, wie sie dir in Bezug auf deine Fragen heute
weiterhelfen. Mit Salomos Weisheiten bist du
garantiert alles, nur kein Sprücheklopfer!

Philip Nunn
Lieblingsmensch fürs Leben?
Über die Suche nach dem passenden Ehepartner
Tb, 96 S., 11 x 18 cm
Best.-Nr. 271 414
ISBN 978-3-86353-414-1

Die große Liebe. Schmetterlinge im Bauch. Ist der/
die andere womöglich der „Lieblingsmensch fürs
Leben"? Aber woher weiß ich, wer überhaupt der/
die „Richtige" ist? Was sagt die Bibel dazu? Was
wünscht sich Gott von zwei Menschen, die eine Beziehung miteinander eingehen? Philip Nunn, Vater
von vier Kindern, untersucht anhand der Bibel, was
Gott zum Thema Paarbeziehung sagt, welche Freiheiten wir bei der Partnerwahl haben und welche
Einschränkungen sie uns auferlegt. Denn Gott liebt
uns und will nur das Beste für uns.

VEBS Akademie
Profil schärfen
Bekenntnisschulen in Bildungsverantwortung, Band 1
Pb., 144 S., 13,5 x 20,5 cm
Best.-Nr. 271 467
ISBN 978-3-86353-467-7

Lehrer an christlichen Schulen stehen in Bildungsverantwortung und sind gleichzeitig herausgefordert, den christlichen Glauben in Schule und Unterricht zu integrieren. Dies ist der erste Band einer
Reihe von grundlegenden Themen über Bildung
und Unterricht an Bekenntnisschulen.

Hans-Walter Euhus
Abenteuer Schulgründung
Tb., 160 S., 11 x 18 cm
Best.-Nr. 271 458
ISBN 978-3-86353-458-5

Dieses Buch bietet einen dankbaren Rückblick auf
die Gründung einer christlichen Privatschule und
versucht, ihre gesellschaftliche Notwendigkeit dar-
zustellen. Es ermutigt Christen, Kinder auf biblischer Grundlage zu erziehen und zu bilden.